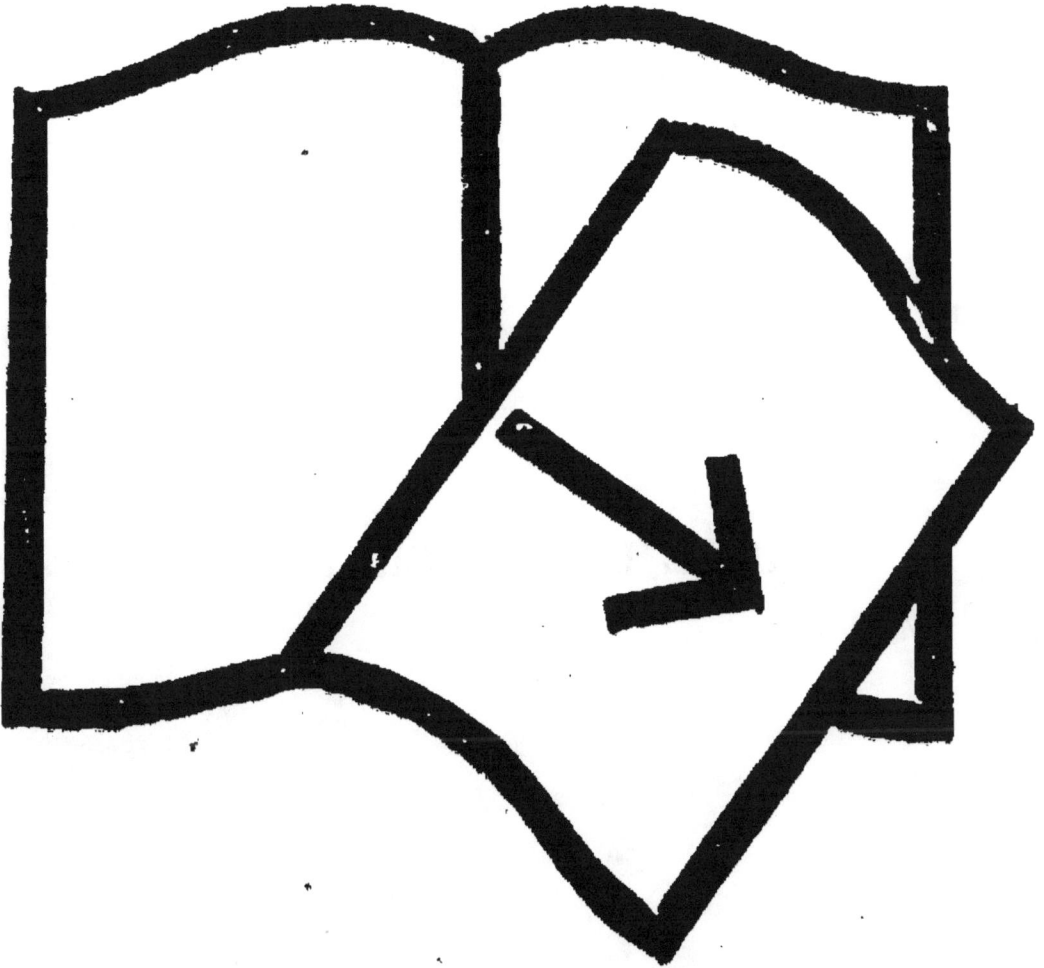

Couvertures supérieure et inférieure
manquantes

THÈSE DE DOCTORAT

FACULTÉ DE DROIT DE POITIERS

MM. LE COURTOIS (✕, I ✿), Doyen, Professeur de Droit civil
DUCROCQ (O. ✕, I ✿) Doyen honoraire, Professeur honoraire,
   Professeur à la Faculté de Droit de Paris, Correspon-
   dant de l'Institut.
THÉZARD (I ✿), Doyen honoraire Professeur de Droit civil,
   Sénateur.
ARNAULT DE LA MÉNARDIÈRE (I ✿), Professeur de Droit
   civil, assesseur du Doyen.
NORMAND (I ✿), Professeur de Droit criminel.
PARENTEAU-DUBEUGNON (I ✿), Professeur de Procédure
   civile.
ARTHUYS (I ✿), Professeur de Droit commercial et chargé du
   Cours de Droit maritime.
BONNET (I ✿), Professeur de Droit romain.
PETIT (I ✿), Professeur de Droit romain, chargé du Cours de
   Pandectes (Doctorat et du Cours de Science et Légis-
   lation financières.
BARRILLEAU (I ✿), Professeur de Droit administratif et chargé
   d'un Cours de Droit administratif pour le Doctorat
N... Professeur d'Economie politique.
SURVILLE (A ✿), Professeur de Droit international public et
   privé, et chargé d'un Cours de Droit civil.
PRÉVOT-LEYGONIE (A ✿), Professeur d'Histoire du Droit public
   (Doctorat) ; de Principes du Droit public et Droit
   constitutionnel comparé (Doctorat), chargé du Cours
   de Droit international public (2e année)
MICHON, Agrégé, chargé du Cours d'Histoire générale du Droit
   français et Eléments du Droit constitutionnel
   (1re année) et du Cours d'Histoire du Droit (Doctorat).
CHÉNEAUX, Agrégé, chargé des Cours d'Economie politique
   (Doctorat), d'Histoire des Doctrines économiques et de
   Législation et Economie rurales.
GIRAULT (A ✿), Agrégé, chargé du Cours d'Économie politique
   et du Cours de Législation et Economie coloniales.
ROCHE (I ✿), Secrétaire.
COULON (I ✿), Secrétaire honoraire.

COMMISSION

Président : M. PARENTEAU-DUBEUGNON.
Suffragants : { MM. PREVOT-LEYGONIE.
                  MICHON, *agrégé.*

UNIVERSITÉ DE POITIERS

FACULTÉ DE DROIT

DE LA REPRÉSENTATION

OU DE L'ASSISTANCE

DES MINEURS, DES INTERDITS, DES PRODIGUES, DES ALIÉNÉS ET DES FEMMES MARIÉES DANS LES INSTANCES

THÈSE POUR LE DOCTORAT

Soutenue le 16 juin 1897, à 3 heures du soir, dans la salle des
actes publics de la Faculté

PAR

René ARNAULT de la MÉNARDIÈRE

AVOCAT A LA COUR D'APPEL

POITIERS

SOCIÉTÉ FRANÇAISE D'IMPRIMERIE ET DE LIBRAIRIE

TYPOGRAPHIE OUDIN ET Cie

4, RUE DE L'ÉPERON, 4

1897

DE LA REPRÉSENTATION

OU DE L'ASSISTANCE

DES MINEURS, DES INTERDITS, DES PRODIGUES, DES ALIÉNÉS ET DES FEMMES MARIÉES DANS LES INSTANCES

INTRODUCTION

La jouissance d'un droit ne suffit pas toujours pour autoriser celui à qui il appartient à exercer l'action qui en dérive. Le droit peut, en effet, résider sur la tête de personnes auxquelles il importe pour des motifs divers de n'en pas permettre l'exercice. C'est ainsi qu'à raison de l'inexpérience des mineurs, de l'état de dépendance de la femme mariée, du défaut de raison de l'interdit, notre loi les a déclarés incapables.

Comme il fallait un remède à ces incapacités, la loi a cru le trouver en désignant certaines personnes chargées de représenter ou d'assister ces incapables dans la mesure où elle les avait frappés d'incapacité.

La représentation peut s'appliquer aussi bien à des per-

1

sonnes capables qu'à des incapables. Mais si elle apparaît comme une chose utile quand elle s'applique à des capables, il faut bien reconnaître qu'elle est indispensable lorsqu'il s'agit des incapables.

Il semble donc que l'idée de représentation devrait trouver sa place dans toute législation.

Pourtant, si nous remontons à l'origine du droit romain, nous voyons que la représentation y est interdite et qu'un acte n'est jamais réputé fait par un autre que celui qui y a figuré (1). Sous le système des actions de la loi, le principe est que nul ne peut se faire représenter en justice (2).

Ainsi le tuteur était simplement appelé à compléter par son *auctoritas* la capacité du pupille, lequel, à moins qu'il ne fût *infans vel infantiæ proximus*, devait figu.-r personnellement dans les actes qui le concernaient.

On a voulu en donner pour explication le formalisme du droit romain : les formules employées pour faire valoir les droits en justice étaient des paroles consacrées auxquelles on ne pouvait rien changer et qui ne s'appliquaient qu'à la personne présente devant le magistrat.

La véritable explication, à notre avis, c'est que le droit romain était une législation à ses débuts et partant incomplète. En raison de l'organisation spéciale de la famille romaine, le tuteur était considéré comme exerçant une autorité, des droits, plutôt qu'un devoir de protection. Le chef de famille absorbait dans sa personnalité tous ceux

(1) L. 11 *De oblig. et act.* D. 44-7.
(2) L. 123 pr. *De reg. juris.* D. 50-17. — Gaïus, IV-82.

qu'il avait sous sa puissance, et au lieu d'agir pour son pupille, il agissait en son propre nom.

Mais de bonne heure les nécessités pratiques firent admettre des exceptions au principe de la non-représentation. Et c'est précisément en matière judiciaire que nous trouvons ces exceptions, dans les procès engagés *pro libertate, pro tutela, ex lege hostilia, pro populo.*

Voici brièvement en quoi elles consistaient :

Pro libertate : l'esclave en droit romain était incapable et ne pouvait pas figurer dans une *legis actio.* Il semble donc qu'une personne retenue à tort comme esclave n'aurait jamais pu revendiquer sa liberté. Mais la loi avait prévu ce cas et décidé que l'esclave défendeur ou demandeur à la *liberalis causa* devait être représenté par un *assertor libertatis,* et les effets de la sentence se produisaient dans la personne de l'esclave qui était déclaré libre ou esclave (1).

Pro tutela : de même, en vertu de cette exception, le tuteur était admis à soutenir en justice les droits de son pupille *infans* ou *absens.* C'est du moins en ce sens que la majorité des auteurs interprète le passage des *Institutes* portant qu'on peut *alterius nomine agere pro tutela.*

Ex lege hostilia : quand un citoyen captif ou absent dans l'intérêt de l'Etat était victime d'un vol, la *lex hostilia* permettait au premier citoyen venu d'exercer pour lui l'action *furti.*

Pro populo : quand les intérêts du peuple envisagé comme personne morale avaient besoin d'être défendus

(1) Instit. pr. *De his,* IV-10.

dans un procès, un citoyen pouvait exercer l'action *pro populo* (1).

Mais la règle était que nul ne pouvait se faire représenter en justice. Et cette règle s'appliquait même aux incapables. A défaut de représentation, on avait recours au mandat. La difficulté que présentait ce système, c'était que le mandataire qui figurait dans un procès devenait propriétaire, créancier, ou débiteur en son propre nom. Il en était ainsi quand le tuteur était obligé de figurer en justice à la place de son pupille, au lieu de se borner à lui donner son *auctoritas*. Seulement, à la fin de la tutelle, le tuteur devait transporter au pupille le bénéfice des créances qu'il avait acquises, ou se faire tenir compte des sommes qu'il avait payées pour lui.

Avec le temps des progrès se réalisent.

Sous le système formulaire, les parties ne sont plus obligées de comparaître en personne en justice. Elles peuvent se faire représenter par des mandataires (2), et alors les pupilles et autres incapables que leur âge ou leurs infirmités empêchent de figurer eux-mêmes en justice sont représentés par leurs tuteurs et curateurs. Ce qui est jugé pour ou contre le tuteur, l'est pour ou contre l'incapable (3). C'est-à-dire que le système de la représentation est admis, et avec le temps il se perfectionnera.

Cependant encore, à l'époque de Gaïus, si le tuteur et le curateur peuvent intervenir comme demandeurs ou

(1) L. 1, § 1, *Quod cujuscunque universitatis nomine*. D. III-IV.
(2) Gaïus, IV-82.
(3) L. 2, pr. *De adm. et per. tut.* D. 26. 7.

comme défendeurs au nom des incapables qu'ils protègent, ils ne sont pas obligés de les représenter.

Leur rôle est double. Ils peuvent laisser agir les incapables qu'ils sont obligés de protéger en se bornant à leur fournir l'*auctoritas* ou le *consensus* nécessaires, et alors il n'y a pas de représentation. Ou bien ils peuvent agir eux-mêmes au nom de ces incapables, et alors il y a représentation.

A la fin du droit romain, le principe de la non-représentation qui était en vigueur au début a complètement disparu pour faire place à un principe contraire : le pupille est représenté par son tuteur et cette représentation est obligatoire.

L'assistance des incapables était connue du droit romain avant que le principe de la représentation fût admis.

Ainsi les fonctions du tuteur en matière judiciaire, sous le système des actions de la loi, se rapprochent davantage de ce que nous appelons l' « assistance » que de la « représentation ». Le tuteur n'avait alors d'autres fonctions que de compléter la personnalité de son pupille, c'est du moins ce qui avait lieu presque toujours, excepté si le pupille était *infans* ou *absens*.

Les fonctions des curateurs consistaient, elles aussi, surtout dans un devoir d'assistance.

A partir de l'époque classique, les hommes et les femmes pubères recevaient des curateurs jusqu'à leur vingt-cinquième année accomplie, car, bien que pubères, ils étaient considérés comme étant d'un âge encore trop tendre pour défendre eux-mêmes leurs intérêts.

. Les prodigues restaient en curatelle, même au delà de leur vingt-cinquième année.

Quant aux fous furieux qu'on interne ou qu'on interdit chez nous, ils étaient, eux aussi, en curatelle.

Le curateur donnait son *consensus* pour assister ces incapables dans les actes de la vie civile, et notamment lorsqu'ils voulaient ester en justice.

On ne connaissait pas en droit romain ce que nous appelons l' « autorisation » de la femme mariée.

A l'origine, le mariage avec *manus* faisait passer la femme dans la famille du mari : elle était *loco filiæ*. Ce n'était pas là l'effet d'une puissance maritale, c'était l'application du principe qu'il ne pouvait y avoir qu'un chef dans la famille romaine, et ce chef la représentait complètement jusqu'à l'absorber.

Puis avec le temps il y eut des changements, et vers la fin de la République, le mariage a lieu sans *manus*. La femme restait alors dans sa famille primitive : au point de vue de ses biens, la femme était séparée, et elle était absolument libre dans l'administration de son patrimoine. Elle pouvait plaider seule et sans aucune autorisation.

Il est vrai qu'avec le mariage sans *manus* on voit apparaître l'institution de la dot, et à l'égard des biens composant cette dot le mari était le maître absolu ; il plaidait pour tout ce qui concernait cette dot en son nom personnel et non comme représentant de la femme.

A l'origine du droit franc, le mineur n'était pas protégé. Le tuteur, de même qu'en droit romain, exerçait une autorité et des droits plutôt qu'un devoir de protection. Et nous pouvons dire avec M. Viollet que : « Sous cette puissance absorbante l'enfant disparaît entièrement. Ses droits dorment, sommeillent, pour ainsi dire, pendant la tutelle. Le mainbour ou tuteur ne représente pas l'enfant en justice, mais cette absence même le protège, car un tiers ne peut lui intenter aucune action (1). »

Peu à peu l'influence du droit romain se fait sentir, et avec l'idée de protection, la représentation des incapables se fait jour.

Louis le Débonnaire avait autorisé le tuteur à représenter son pupille en justice ; mais cette décision resta lettre morte.

Plus tard l'ordonnance de 1330 édicte une mesure plus efficace en décidant que les mineurs pouvaient être pourvus d'un tuteur ou curateur chargés de suivre les instances en leur nom.

Enfin au xve siècle l'influence du droit romain accomplit son œuvre, et la représentation des incapables prend place dans notre droit avec les mêmes caractères qu'elle a aujourd'hui.

Au lieu de faire cesser la tutelle des mineurs à douze ou quatorze ans, suivant qu'il s'agissait de filles ou de garçons, comme cela avait lieu dans le dernier état du droit romain, et de leur donner un curateur jusqu'à leur vingt-cinquième année, notre ancien droit coutumier prolongea la tutelle jusqu'à vingt ans, et même vingt-cinq ans dans certaines provinces.

Les pays de droit écrit suivirent au contraire la tradition du droit romain.

(1) Viollet, *Précis de l'Histoire du droit français*, p. 451.

Dans le dernier état de notre ancien droit français, le mineur émancipé ne pouvait jamais ester seul en justice, ni comme demandeur, ni comme défendeur, excepté au criminel. Il devait être assisté de son curateur, et, quand on l'assignait en justice, on devait également assigner le curateur, afin qu'il pût prêter son assistance ; mais cela n'empêchait pas que tous les actes de procédure devaient être faits au nom du mineur.

Pour ce qui concerne les fous et les prodigues, il est croyable que les lois barbares ne connaissaient pas de mesures protectrices, ou bien elles durent emprunter la curatelle organisée par la loi romaine à l'égard de ces incapables.

Dès le commencement du xiii° siècle, on commence à nommer des curateurs aux prodigues majeurs de 25 ans.

Au commencement du xiv° siècle, nous voyons le roi de France charger le bailli d'Amiens de nommer, sur avis du conseil de famille, un curateur à un *ydiota, prodigue et bonorum suorum dissipator.*

La curatelle des majeurs fous ou prodigues existe en Bourgogne au xiv° siècle (1).

Ces usages se régularisèrent dans les derniers siècles. Le fou reçut un curateur qui était un vrai tuteur et le représentait dans les instances. Aussi les auteurs du dernier siècle ne manquaient pas de mettre en relief ce caractère du curateur de l'insensé qui eût été, disaient-ils, mieux appelé tuteur.

(1) Viollet, *Précis de l'Histoire du droit français,* p. 465.

Notre Code civil a réalisé ce changement de nom.

Le prodigue, dans le dernier état de notre ancien droit, recevait tantôt un curateur, tantôt un conseil. Et il lui fallait l'assistance de ce curateur ou de ce conseil pour ester en justice.

Quant à la femme mariée, elle est incapable à la fin de notre ancien droit, et il lui faut l'autorisation de son mari pour ester en justice.

L'origine de l'autorisation maritale se trouve dans le *mundium* germanique, pouvoir de protection qui était perpétuel pour la femme.

La fille passait en effet du *mundium* de son père et de ses parents mâles, sous le *mundium* de son mari. La loi ripuaire (t. LXXIV) exigeait que la femme obtînt l'autorisation de son mari pour faire les actes de la vie civile et par conséquent pour ester en justice.

A l'époque féodale, le mari représente la femme dans les actes judiciaires.

Puis aux xıı° et xıı° siècles une transformation a lieu. La fille et la veuve ne sont plus soumises au *mundium* qui ne subsiste plus que pour la femme mariée, de sorte qu'au lieu d'être établi dans l'intérêt de la femme, il ne l'est plus que dans l'intérêt du mari.

Tous les documents de cette époque attestent la formation de la puissance maritale. La femme mariée ne peut ester en justice sans l'autorisation de son mari (1).

Dans le midi de la France, du ıx° au xıı° siècle, la tra-

_____

(1) *Assises de Jérusalem*, Cout. des bourgeois, ch. cxvı (Jehan Desmares. Décision 76).

dition romaine subsiste dans le mariage. Mais, par suite de l'immixtion de l'idée de la communauté, la femme n'agit jamais qu'avec le concours du mari, le mari qu'avec le concours de la femme (1).

A la fin du xiiie siècle, dans les pays de droit écrit, la femme n'a besoin de l'autorisation de son mari que pour ester en justice relativement à ses biens dotaux, et non relativement à ses biens paraphernaux (2). ·

Cette divergence qui s'est maintenue jusqu'au xviiie siècle tenait à la différence d'origine de la puissance maritale dans les pays coutumiers et dans les pays de droit écrit.

Lors des projets du Code civil, il fut question de supprimer l'autorisation maritale. Cette idée fut abandonnée, et le Code civil revint à la nécessité de cette autorisation pour habiliter la femme, telle qu'elle existait dans le droit coutumier.

venons d'esquisser à grands traits comment le droit romain et notre ancien droit avaient remédié à l'incapacité de plaider des mineurs, des interdits, des prodigues et des femmes mariées.

Nous nous proposons d'étudier par qui, dans notre droit civil, ces incapables, auxquels nous ajouterons les aliénés non interdits mais internés en vertu de la loi du 30 juin 1838, sont représentés ou assistés dans les instances.

Ce ne sont point les seuls incapables qui existent dans notre droit, mais nous considérons cette étude ainsi restreinte comme assez vaste pour négliger les autres incapables.

(1) Gide, *Condition de la femme*, p. 443.
(2) Masuer, *Pratique*, IX-1.

Nous diviserons notre travail en quatre parties :

Une première partie sera consacrée à la demande, une seconde partie à la défense.

Nous verrons dans une troisième partie les voies de recours ordinaires et extraordinaires, et dans une quatrième partie l'acquiescement et le désistement qui peuvent mettre fin à une instance sans jugement.

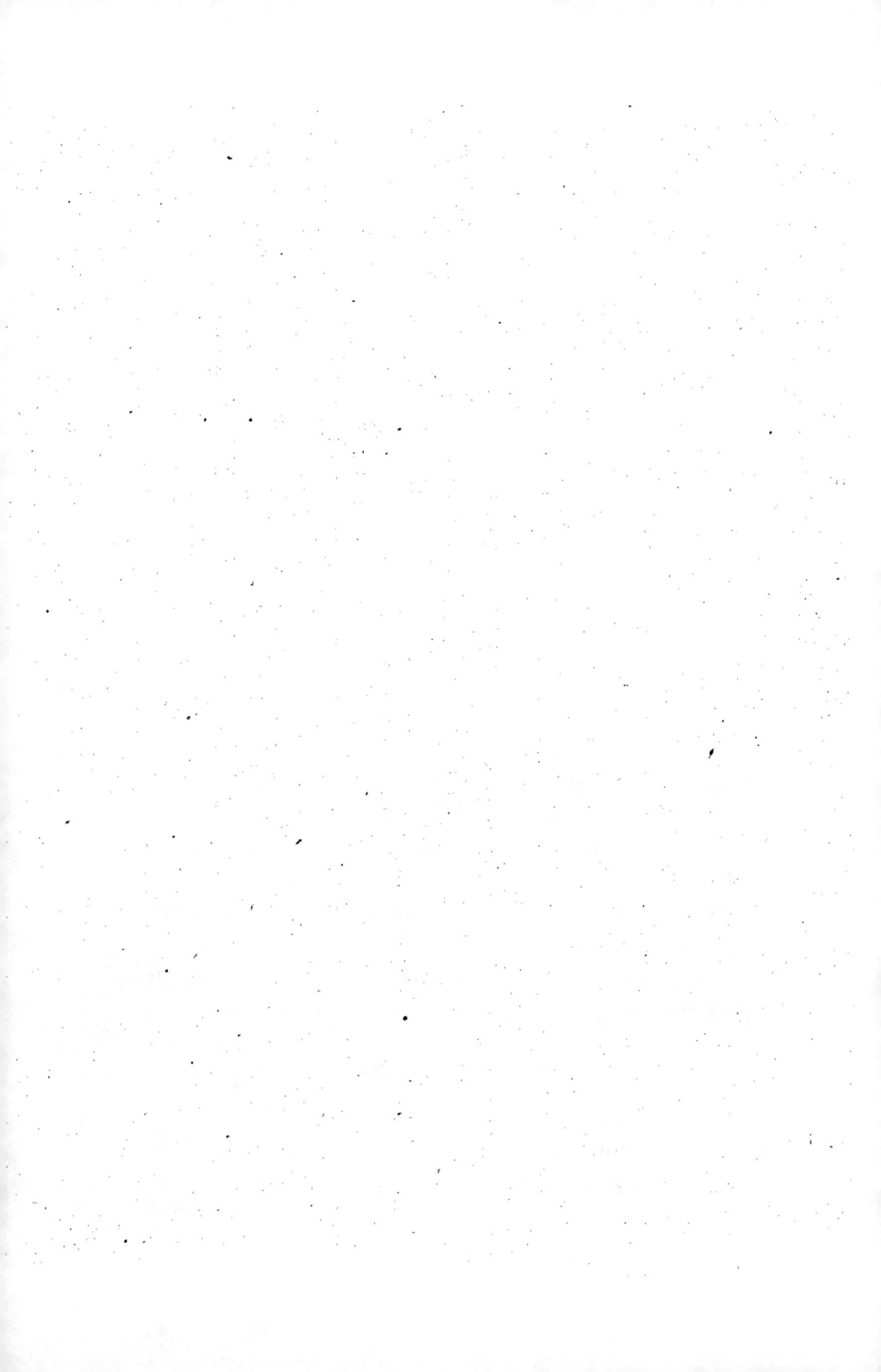

PREMIÈRE PARTIE

INTRODUCTION DE L'INSTANCE OU DEMANDE

CHAPITRE PREMIER

MINEURS NON ÉMANCIPÉS

Notre loi considère comme mineur et comme incapable l'individu de l'un ou l'autre sexe qui n'a point encore l'âge de vingt et un ans accomplis (art. 388 et 1124).

L'incapacité des mineurs fondée sur leur inexpérience est générale. Mais comme la loi, en frappant les mineurs de cette incapacité, n'a eu d'autre but que de les protéger, elle a donné à d'autres personnes l'exercice des droits qu'elle leur enlevait.

Ce sont ces personnes chargées de l'exercice des droits des mineurs qui les représenteront dans les instances.

§ 1er. — Représentants des mineurs

Pour savoir qui représentera les mineurs dans les instances, il faut distinguer suivant que le mariage subsiste encore, ou suivant qu'il est dissous.

1° *Pendant le mariage.*

C'est le père qui est chargé de l'administration des biens de ses enfants mineurs, et qui les représente dans les instances (art. 389).

Si le père se trouve dans l'impossibilité soit physique, soit morale, soit légale, d'exercer les pouvoirs attachés à l'administration légale, c'est la mère qui les exercera à sa place.

Nous croyons que cette solution ne devrait pas souffrir de difficulté, car si l'exercice de la puissance paternelle, dont l'administration légale est un attribut, est attribuée exclusivement au père pendant le mariage (art. 373), il résulte de l'article 372 du Code civil que cette puissance appartient cependant collectivement au père et à la mère (1).

Et l'article 141, prévoyant le cas où le père est en état d'absence, fait une application de l'article 372 tel que nous l'entendons en déclarant que la mère aura l'administration des biens des enfants mineurs issus du mariage.

Il nous paraît donc impossible, bien qu'on ait soutenu que l'article 389 ne s'appliquait qu'au père, de refuser à la mère l'administration légale, et comme conséquence le droit de représenter ses enfants mineurs en justice.

Partant de cette idée que le père interdit conservait dans son patrimoine le droit d'administration légale, on a pu raisonner ainsi dans une certaine opinion :

(1) Laurent, *Principes de droit civil français*, t. IV, nos 261 et 262.

Au cas d'interdiction du père, c'est la mère qui le plus souvent sera nommée tutrice de son mari, et elle aura les pouvoirs d'administration légale, non en vertu de ses droits de mère, mais comme exerçant les droits du père dont elle est tutrice.

Si c'est un autre que la mère, qui est tuteur du père interdit, c'est ce tuteur qui exercera à la place du père les pouvoirs d'administration légale dans le cas où le père interdit aurait l'usufruit légal des biens de ses enfants, et ce tuteur représentera les enfants mineurs dans les instances, à l'exclusion de la mère.

Dans le cas au contraire où le père interdit n'aurait pas l'usufruit légal des biens, il faudrait décider que l'administration légale appartiendra à la mère qui représentera ses enfants mineurs (1).

Il nous est impossible de nous ranger à cette opinion.

Nous estimons qu'au cas d'interdiction du père, il y a pour lui un cas d'impossibilité légale d'exercer la puissance paternelle (arg. art. 141 et 442 C. c.), et qu'alors, l'exercice de cette puissance, et par conséquent de l'administration légale, qui en est un attribut, passe à la mère.

La mère, au cas d'interdiction du père, représentera donc ses enfants mineurs en son propre nom, et non en qualité de tutrice exerçant les droits du père interdit.

Et il est très important au point de vue des conséquences de savoir si la mère agit comme exerçant elle-même l'administration légale, ou comme ne l'exerçant qu'en qualité de tutrice du mari, parce que nous croyons que

(1) Demolombe, t. VI, n° 450.

les pouvoirs d'un administrateur légal sont plus étendus que ceux d'un tuteur, en ce qui concerne l'exercice des actions.

Le père et la mère peuvent être tous deux dans l'impossibilité d'exercer la puissance paternelle. Nous ne croyons cependant pas que l'on puisse avoir recours à la tutelle.

Certains auteurs, entre autres MM. Aubry et Rau (1), partant de cette idée que le mineur ne doit pas rester sans protecteur, décident qu'il y a lieu alors à une tutelle provisoire qui cessera si l'administration légale peut être reprise par la personne qui y est appelée. Et Demante (2), allant encore plus loin, estime qu'il faudrait recourir à la tutelle dative même dans le cas où le père seul se trouverait dans l'impossibilité d'exercer la puissance paternelle.

Nous préférons dire cependant avec M. Demolombe que dans notre cas il n'y aura pas de tutelle.

Le motif qui nous semble déterminant, c'est que l'article 390 ne parle de tutelle qu'après la dissolution du mariage. Tant que le mariage dure, il ne peut donc y avoir lieu à une tutelle.

Si le père et la mère sont dans l'impossibilité d'exercer l'administration légale, il est vrai que les mineurs peuvent se trouver momentanément sans protecteur désigné par la loi, mais c'est alors aux tribunaux à prendre les mesures commandées par l'intérêt des mineurs, et à désigner un administrateur provisoire qui aura qualité pour

(1) T. I, § 87, in fine, p. 366.
(2) T. II, n° 138 bis.

représenter les enfants mineurs dans la mesure qu'auront fixée les tribunaux.

Et comme le dit très bien M. Demolombe (1), cette administration ne sera pas une tutelle, ni ce tiers un tuteur.

Comment donc appeler ce protecteur? Il remplace un administrateur légal, nous ne croyons pas qu'on puisse le qualifier autrement que du nom d'administrateur *ad hoc.*

En présence des textes de notre loi, il nous est difficile d'adopter une autre opinion. L'impossibilité où sont le père et la mère d'exercer l'administration légale peut en effet cesser, et tant qu'on a la perspective d'une administration légale, il ne faut pas avoir recours à la tutelle.

Au cas de séparation de corps, comme au cas de divorce, l'article 302 réglemente la garde des enfants, ce qui implique que la puissance paternelle subsiste. Seulement cette puissance paternelle n'appartient au père et à la mère que dans la mesure où ils ont la garde de leurs enfants. Et l'administration légale étant un attribut de la puissance paternelle, ces enfants seront représentés en justice par celui de leurs auteurs sous la garde duquel ils seront placés.

Nous accordons à ces époux séparés ou divorcés les pouvoirs que nous reconnaîtrons dans la suite à l'administrateur légal. Cela ne nous paraît pas exorbitant, malgré la position spéciale dans laquelle se trouvent les père et mère, car les tribunaux ont dans la circonstance un pouvoir discrétionnaire dont ils peuvent user dans l'intérêt des

(1) T. VI, n° 451.

enfants mineurs en restreignant les pouvoirs des père et
mère séparés ou divorcés.

2° *Après la dissolution du mariage.*

Après la dissolution du mariage arrivée par la mort de
l'un des époux, ou de tous deux, il y a lieu à l'ouverture
de la tutelle, et c'est le tuteur qui représentera les enfants
mineurs (art. 450 C. c.).

Si le mariage est dissous par la mort d'un seul des
conjoints, la tutelle des enfants mineurs appartient de plein
droit au survivant des père et mère (art. 390).

Le père, après le décès de la mère, sera le tuteur et le
représentant légal de ses enfants mineurs. Il n'aura en ce
qui concerne la représentation de ses enfants mineurs dans
les instances que les pouvoirs d'un tuteur ordinaire.

Il en sera de même de la mère. Toutefois les pouvoirs
de cette dernière peuvent subir certaines restrictions.

Le père prémourant peut avoir usé de la faculté que lui
donne l'article 391 du code civil de nommer un conseil à
la mère; il peut avoir spécifié que la mère tutrice ne pourra
pas plaider sans l'assistance de ce conseil. Le rôle du
conseil est purement passif, mais il est libre, s'il le juge à
propos, de s'opposer à ce que la mère tutrice agisse, de
sorte que si la mère introduit une action en justice contre
sa volonté l'action sera viciée, et en dehors des voies ordinaires de recours, le mineur pourra se pourvoir par requête
civile, comme n'ayant pas été défendu (art. 481 C. pr. c.).

Il peut se faire que le conseil refuse de consentir à ce que
la tutrice exerce une action, et que ce refus ne soit pas

suffisamment motivé, ou soit contraire aux véritables intérêts du mineur. Comme il est impossible que le conseil de tutelle puisse, par une opposition contraire aux intérêts du mineur, paralyser la gestion de la tutelle, il faut admettre que la mère tutrice pourra s'adresser au conseil de famille, et avec son autorisation passer outre à l'opposition. Et dans le cas où le conseil de famille refuserait l'autorisation demandée, elle pourra se pourvoir, pour l'obtenir, devant les tribunaux.

Toutefois c'est là une solution qu'il ne faut accueillir qu'avec une très grande réserve, et seulement dans les cas où il est évident que le conseil de tutelle, en refusant son assistance, agit contre les intérêts du mineur. Car ce conseil ayant été donné à la mère pour limiter ses pouvoirs, on ne comprendrait pas qu'elle essayât de passer outre, parce qu'alors le conseil ne manquerait pas de renoncer à sa mission, et la garantie que le père avait espéré trouver dans son concours disparaîtrait (arg. art. 2003) (1).

Si la mère avait une action à intenter contre son conseil de tutelle, elle devrait se faire autoriser à plaider par le conseil de famille, ou à son défaut par le tribunal.

Mais ce n'est qu'exceptionnellement que la mère tutrice aura besoin de l'assistance d'un conseil pour agir. Le plus ordinairement le père étant prédécédé sans apporter aucune restriction aux pouvoirs de la mère, celle-ci est tutrice de ses enfants mineurs et les représente seule dans les instances les concernant.

A la suite du décès du père, la mère peut se trouver

(1) Demolombe, t. VII, n° 87.

enceinte. Le législateur, suivant la tradition consacrée par l'adage *infans conceptus pro nato habetur quoties de commodis ejus agitur*, a décidé que dans ce cas il serait nommé un curateur au ventre par le conseil de famille (art. 393 C. c.).

L'article 393, premier alinéa, étant formel, il y a lieu à la nomination du curateur au ventre même s'il existe déjà des enfants mineurs, ou si les enfants issus du mariage sont tous émancipés ou majeurs.

Quant au second alinéa de l'article 393, il ne recevra d'application, d'après nous, qu'au cas où il n'y aurait pas de tutelle déjà organisée au moment où les fonctions du curateur au ventre prendront fin (1).

Les fonctions de ce curateur au ventre consistent à veiller aux intérêts de l'enfant à naître et au maintien du *statu quo*. Nous ne croyons donc pas que ce curateur puisse représenter l'enfant à naître ni comme demandeur ni comme défendeur.

Il doit se borner à faire des actes conservatoires et des actes d'administration provisoire qui suffiront presque toujours pour le but qu'on s'est proposé en le nommant.

M. Demolombe va jusqu'à dire que le curateur au ventre doit exercer les actions possessoires (2). Nous croyons que ce droit accordé au curateur sans aucune restriction excéderait les bornes du pouvoir qu'il faut lui reconnaître. Toutefois nous serions disposé à lui permettre l'exercice des actions possessoires toutes les fois que le droit d'agir

(1) *Sic*, Aubry et Rau, § 136, p. 561. — *Contra*, Laurent, t. IV, n° 394.
(2) Demolombe, t. VII, n° 52.

serait compromis si on attendait l'expiration des fonctions du curateur.

Enfin les pouvoirs de la mère, tutrice de ses enfants, recevront encore une restriction en cas de second mariage.

La mère qui veut se remarier doit convoquer le conseil de famille, qui décide si la tutelle lui sera conservée. A défaut de cette convocation avant l'acte de mariage, la mère perd la tutelle, et n'a plus qualité pour représenter ses enfants auxquels il faudra nommer un tuteur (art. 395, C. c.).

Si au contraire la mère a convoqué le conseil de famille en temps utile et que la tutelle lui soit conservée, elle continuera à représenter ses enfants mineurs, mais elle n'aura plus qualité pour les représenter seule. Le mari étant, aux termes de l'article 396 du code civil, cotuteur avec la femme et responsable de la gestion postérieure au mariage, partagera avec elle les charges de la tutelle (1).

L'intérêt des mineurs d'une part s'oppose à ce que l'administration de la tutelle appartienne au cotuteur à l'exclusion de la tutrice, et d'autre part l'intérêt de la mère est de concourir aux actes dont elle est solidairement responsable avec son mari. Aussi la loi veut qu'il y ait deux tuteurs, elle exige le concours et l'action collective de l'un et l'autre. En un mot, la tutelle légale de la mère remariée et la cotutelle du second mari sont indivisibles (2).

La conséquence c'est que les enfants issus du premier

(1) Demolombe, t. VII, n° 136.
(2) Bourges, 28 janvier 1857, J. du P., 1858-658.

mariage de la femme ne seront valablement représentés que par le mari et la mère agissant conjointement.

Cette solution s'explique par ce motif que la tutelle qui est conservée à la mère n'a plus le caractère de la tutelle légale. Elle est modifiée : la mère remariée, outre qu'elle est redevenue incapable, ne présente plus les mêmes garanties morales à l'égard de ses enfants du premier lit ; voilà pourquoi la loi l'a déclarée déchue de l'usufruit légal des biens de ses enfants (art. 386 C. c.), et ne lui conserve la tutelle qu'avec une certaine restriction.

Quant à la cotutelle du mari, elle s'explique par l'état de dépendance de la femme vis-à-vis de lui. Il aurait paru singulier que la femme pût agir seule en justice au nom de ses enfants du premier lit, alors qu'elle ne peut le faire en son propre nom qu'avec l'autorisation de son mari.

C'est un des cas assez rares dans lesquels il peut se rencontrer plusieurs tuteurs, le principe d'unité de tutelle étant en vigueur dans notre législation.

L'article 417 du code civil envisage une autre hypothèse dans laquelle un mineur peut avoir plusieurs tuteurs. Cet article prévoyant le cas où un mineur domicilié en France possède des biens dans les colonies, ou réciproquement, décide que l'administration spéciale de ces biens sera donnée à un protuteur.

Le protuteur dont parle cet article est un véritable tuteur, et comme le tuteur, il représente pleinement le mineur. La seule différence qu'il y a entre la tutelle ordinaire et la tutelle dans laquelle se trouvent un tuteur et un protuteur, c'est que dans le premier cas le tuteur administre seul tous les biens du mineur, tandis que dans le second cas chacun n'administre qu'une portion du patrimoine de l'incapable. Mais chacun, dans sa sphère restreinte et bien déterminée, représente l'incapable comme un tuteur ordinaire. De sorte qu'en fait, si le mineur se trouve avoir plusieurs tuteurs dans l'hypothèse prévue par l'article 417, il n'y a pas là un échec au principe d'unité de tutelle.

A défaut de la tutelle légale des père et mère, il y aura lieu soit à la tutelle testamentaire, soit à la tutelle des ascendants, soit enfin à la tutelle dative.

Tels sont ordinairement les représentants des mineurs.

En cas d'opposition d'intérêts entre le mineur et son représentant ordinaire, le mineur est représenté par un administrateur *ad hoc* ou par un subrogé tuteur, suivant que le mariage subsiste ou suivant qu'il est dissous. Ces représentants ont les mêmes pouvoirs que ceux à la place desquels ils agissent.

Enfin dans certaines hypothèses particulières le mineur est représenté par un tuteur *ad hoc*.

Logiquement nous devrions aborder en premier lieu l'étude de la représentation des mineurs sous l'administration légale, nous préférons cependant commencer par celle des mineurs en tutelle, parce que les solutions que nous trouverons nous éviteront des redites en ce qui concerne les pouvoirs de l'administrateur légal.

§ 2. — Mineurs en tutelle.

On pourrait concevoir un tuteur ayant pleins pouvoirs pour administrer, et exerçant seul sous sa responsabilité personnelle tous les droits et actions du mineur. Mais tel n'est pas le système de notre loi.

Après avoir posé le principe de la représentation du mineur par le tuteur, dans le premier alinéa de l'article 450 du code civil, le législateur a, dans les articles 464 et 465, en ce qui concerne les instances, apporté des restrictions à ce principe.

Les pouvoirs du tuteur ont été restreints pour l'exercice des actions les plus importantes, tandis que pour les autres, ou pour celles qui rentrent plus spécialement parmi les actes d'administration, il conserve les pouvoirs les plus étendus.

1° Actions dans lesquelles le tuteur représente seul le mineur en justice.

Le principe de la représentation reste intact et n'est soumis à aucune restriction, quand il s'agit d'intenter une action mobilière ou une action possessoire. Le tuteur représente pleinement le mineur, il introduit seul l'action, et figure, en sa qualité de tuteur, dans toutes les phases de la procédure, sans jamais avoir besoin de l'autorisation du conseil de famille.

I. *Actions mobilières.* — Pour ce qui concerne l'exercice des actions mobilières par les représentants des mineurs nous n'avons pas de texte, et ce n'est que par un argument *a contrario* de l'article 464 du code civil, que nous donnons au tuteur le droit d'exercer seul les actions mobilières du mineur.

C'est là une solution qui s'impose. L'article 450 ayant

posé le principe de la représentation du mineur par le tuteur dans tous les actes civils, et l'article 464 qui apporte une limitation à ce principe ne parlant que des droits immobiliers, il est tout naturel d'en déduire cette conséquence, que le tuteur représente le mineur en matière mobilière sans avoir besoin d'aucune autorisation.

Du reste, ce pouvoir du tuteur de représenter le mineur en matière mobilière, sans autorisation du conseil de famille, est en parfaite harmonie avec le système de notre loi. L'exercice des actions mobilières est considéré dans notre droit comme un acte d'administration (art. 1428 C. c.), il était donc rationnel de donner ce droit au tuteur.

Enfin la raison qui semble avoir déterminé le législateur, c'est qu'à l'époque où le code civil a été rédigé, la fortune immobilière était de beaucoup la plus importante. Il ne prévoyait pas le développement que devait prendre la fortune mobilière dans le cours de ce siècle. Aussi son attention s'est-elle portée surtout sur la fortune immobilière des mineurs qu'il a protégée plus spécialement, tandis qu'il a laissé au tuteur une plus grande liberté pour tout ce qui concernait les droits mobiliers.

Aujourd'hui, à cause du développement acquis par la fortune mobilière, il arrive fréquemment qu'un tuteur engage un procès très important concernant un mineur, et cela sans aucune garantie pour ce mineur. En présence des textes qui sont formels, il est pourtant impossible d'apporter aucune restriction en cette matière aux pouvoirs du tuteur. Aussi serait-il à désirer, dans l'intérêt des incapables, qu'une loi vînt rétablir un ordre logique et exiger l'autorisation du conseil de famille, en matière mobilière comme en matière immobilière, dès que le procès roulerait sur une somme atteignant un chiffre déterminé.

Le tuteur peut donc intenter sans autorisation toutes les actions mobilières appartenant au mineur.

Ce principe comporte toutefois une exception indiquée dans l'article 465 du code civil. Aux termes de cet article, le tuteur a besoin d'une autorisation pour provoquer un partage. Or, l'action en partage d'objets mobiliers est bien une action mobilière, mais le tuteur ne pourra pas l'intenter sans autorisation, l'article 465 est en effet formel et comprend dans sa formule aussi bien le partage d'objets mobiliers que le partage d'immeubles.

Mais à part cette exception, le principe concernant la représentation du mineur par le tuteur en matière mobilière est absolu et s'applique à toutes les actions mobilières, même à l'action civile tendant à réclamer dés dommages-intérêts au nom du mineur (1).

II. *Actions possessoires*. — Des actions mobilières nous rapprochons les actions possessoires que le tuteur peut introduire sans avoir besoin de l'autorisation du conseil de famille.

Les actions possessoires sont des actions immobilières. Or l'article 464, exigeant que le tuteur obtienne l'autorisation du conseil de famille pour introduire en justice une action relative aux droits immobiliers du mineur, semble bien comprendre dans sa formule même les actions possessoires.

(1) Demolombe, t. VII, n° 805.

Nous sommes cependant certain que le tuteur peut exercer seul et sans autorisation les actions possessoires. Nous nous fondons pour décider ainsi sur le caractère des actions possessoires et sur l'esprit général de notre législation en cette matière.

Le caractère spécial des actions possessoires est de constituer des actes conservatoires qui, à raison de leur urgence, peuvent être accomplis même par des incapables. L'action possessoire, en effet, loin de compromettre un droit le sauvegarde. Il ne faut donc pas considérer l'action possessoire comme une action immobilière ordinaire; et en conséquence le tuteur pourra l'introduire sans autorisation.

Cette solution nous paraît d'autant plus exacte que le législateur l'a lui-même consacrée dans l'article 1428 en permettant au mari, administrateur des biens de la femme, d'exercer seul les actions possessoires, alors qu'il ne peut exercer les autres actions immobilières qu'avec le concours de la femme.

Parmi les actions que le tuteur pourra ainsi exercer sans l'autorisation du conseil de famille, il faut citer les actions possessoires concernant les servitudes dont la possession réunira les conditions requises par les articles 23 C. pr. c. et 2229 C. c., et particulièrement la condition de non-précarité.

Que décider en ce qui concerne l'action en bornage?

Le bornage est une servitude (art. 646), mais l'action en bornage n'a pas le caractère d'une action possessoire, car le droit de réclamer le bornage n'est pas limité dans le délai d'une année, c'est un droit imprescriptible comme le titre de propriétaire. L'action en bornage a un caractère personnel en tant qu'elle a pour but l'accomplissement d'une obligation légale, celle de prendre part à l'opération de bornage ; mais le caractère de réalité l'emporte lorsqu'au cours des opérations de bornage il s'élève une contestation portant sur le droit même de propriété.

Aussi faut-il établir une distinction pour déterminer les pouvoirs du tuteur quant à l'exercice de cette action.

Si l'action en bornage n'a d'autre objet que de conserver à chacune des parties l'intégrité de son héritage, elle doit être comptée au nombre des actes conservatoires et peut être exercée par le tuteur sans autorisation du conseil de famille.

Mais si, au contraire, une contestation s'élevait entre les parties sur le droit de propriété ou sur les titres qui l'établissent, nous considérerions l'action en bornage comme ayant le caractère d'une revendication, et dès lors le tuteur aurait besoin de l'autorisation du conseil de famille pour l'intenter (1).

Cette distinction est consacrée par l'article 6 § 2 de la loi du 25 mai 1838 en ce qui concerne la compétence du juge de paix, et il nous semble logique de décider pour la capacité des parties à l'effet d'agir, ce que cette loi décide pour la compétence du juge à l'effet de statuer (2).

2° *Actions que le tuteur ne peut intenter qu'avec l'autorisation du conseil de famille.*

Ce sont toutes les actions immobilières autres que les actions possessoires, les actions en partage et les actions concernant l'état du mineur.

(1) Bourbeau, *De la justice de paix*, n° 252.
(2) Toullier, t. III, n° 182.

I. *Actions immobilières.* — Pour introduire une action en justice relativement aux droits immobiliers du mineur, le tuteur a besoin d'une autorisation du conseil de famille.

Le but du législateur en exigeant cette autorisation a été de sauvegarder les intérêts des mineurs. Les actions immobilières étant en général d'une importance plus grande que les actions mobilières, à l'époque où fut rédigé le code civil, le législateur a cru prudent de prendre des garanties dans l'intérêt des mineurs.

Cette autorisation du conseil de famille est exigée quel que soit le tuteur, fût-ce le père qui serait tuteur légal par suite du prédécès de la mère (art. 464).

Elle est en outre toujours exigée. Ainsi le tuteur ne serait pas dispensé d'obtenir cette autorisation si des parties majeures ayant le même intérêt que le mineur introduisaient une action immobilière dans laquelle ce mineur se porterait aussi demandeur. L'article 464 ne fait en effet aucune distinction.

Au contraire, cette autorisation ne serait pas nécessaire pour continuer ou reprendre une action immobilière précédemment introduite. Nous ne sommes plus en effet dans les termes de l'article 464 qui a en vue une action à introduire, et non une action déjà introduite.

Toute demande immobilière introduite sans l'autorisation du conseil de famille n'est donc pas régulièrement introduite. En conséquence, les tiers, qui ont été assignés par le tuteur, peuvent refuser de défendre à l'action dirigée contre eux, jusqu'à ce que celui-ci ait rapporté l'autorisation du conseil de famille. Ils le feront en opposant au tuteur une fin de non-procéder basée sur le défaut d'autorisation (1).

Les tiers ont intérêt à opposer cette fin de non-procéder, car la demande n'ayant pas été régulièrement introduite, le mineur, au cas où il viendrait à perdre son procès, pourra attaquer plus tard la décision rendue, par voie de requête civile (2). Et leur intérêt est d'autant plus grand, que le défaut d'autorisation constitue une nullité relative qui ne peut être invoquée que par le mineur seul.

Après avoir obtenu l'autorisation d'intenter une action, le tuteur peut en poursuivre toutes les phases sans avoir besoin d'une nouvelle autorisation. Après un temps d'arrêt dans les poursuites, il peut les reprendre seul, demander seul les différentes mesures d'instruction que comporte la cause. En un mot, il peut faire, dans l'intérêt de l'instance engagée, tous les actes qui rentrent dans les pouvoirs ordinaires d'un administrateur.

Il peut notamment demander l'interrogatoire sur faits et articles de la partie adverse, et formaliser une inscription de faux. Il pourrait même, dans les hypothèses prévues par les articles 2275 du code civil et 189 du code de

(1) Aubry et Rau, § 115, note 10, p. 465, t. I.

Quelques auteurs, entre autres M. Demolombe (t. VII, n° 715), pensent que c'est une exception dilatoire qu'on opposera dans ce cas au tuteur. Nous ne le croyons pas, car le but direct de l'exception dilatoire est de faire obtenir un délai. Or, il n'y a aucune disposition de la loi accordant un délai au tuteur qui ne s'est pas muni de l'autorisation du conseil de famille. Il est vrai qu'en fait les tribunaux accordent toujours un délai au tuteur, mais c'est là une solution dictée seulement par l'intérêt du mineur et qui ne s'appuie sur aucun texte.

(2) Sic, Garsonnet, t. V, § 1099. — Contra, Aubry et Rau, t. I, p. 465, note 14.

commerce, déférer le serment purgatoire dont parlent ces articles. La délation d'un pareil serment, qui ne peut pas détériorer la condition du mineur, n'a pas le caractère d'une transaction (1).

Mais s'il s'agissait d'actes de nature à compromettre le fond du droit, qui seraient du domaine de l'aliénation plutôt que de l'administration, le tuteur ne trouverait pas, dans sa qualité de représentant du mineur, les pouvoirs suffisants pour les consentir. Ainsi le tuteur ne pourrait pas faire de son propre mouvement et sans provocation de justice des aveux de nature à compromettre les droits immobiliers du mineur. Il ne pourrait même pas faire ces actes avec l'autorisation du conseil de famille (2).

De même le tuteur ne pourrait pas, même avec l'autorisation du conseil de famille, déférer au nom du mineur un serment litisdécisoire. Réciproquement, l'adversaire du mineur ne pourrait pas déférer un tel serment au tuteur, à moins que ce qui fait l'objet du serment ne fût un fait personnel du tuteur.

C'est que l'aveu ayant pour objet de rendre pire la condition de celui qui le fait, et pouvant entraîner la perte du procès, il faut l'assimiler à un acte de disposition, et exiger pour le faire l'homologation du tribunal.

Quant au serment litisdécisoire, il constitue plus qu'un acte de disposition, c'est une sorte de transaction qui intervient entre les plaideurs : la justice se trouve dessaisie, et le sort du procès est complètement remis à la partie à

(1) Aubry et Rau, t. I, p. 465. — Demolombe, t. VII, n° 683.
(2) Aubry et Rau, t. I, p. 466.

laquelle le serment est déféré. Aussi faut-il exiger les formalités de l'article 467 pour que le tuteur puisse le déférer au nom du mineur (1).

Le principe en matière immobilière étant que le tuteur doit avoir l'autorisation du conseil de famille pour introduire une action, il semble qu'en se reportant à la théorie générale sur la distinction entre les actions mobilières et les actions immobilières, il serait facile de savoir quand cette autorisation sera exigée.

Il y a cependant certains cas dans lesquels il y a doute pour savoir si l'action est mobilière ou immobilière, et si l'article 464 doit s'appliquer.

Ainsi la surenchère peut, à certains égards, être considérée comme une voie judiciaire, et par application de l'article 464 le tuteur aura besoin de l'autorisation du conseil de famille pour la suivre. On peut aussi la considérer comme un moyen d'acquisition. Or le tuteur pouvant faire des acquisitions devrait pouvoir poursuivre une surenchère (2).

Nous pensons cependant que le tuteur ne peut pas faire une surenchère valable sans l'autorisation du conseil de famille (3). La surenchère nous apparaît surtout comme une voie judiciaire.

L'action en réméré est une action immobilière, c'est un point qui ne saurait faire de doute, car elle a pour objet de faire rentrer dans le patrimoine un immeuble qui en était

(1) Aubry et Rau, t. VIII, p. 184 et 185 texte, n° 1 et note 4.
(2) Demolombe, t. VII, n° 719.
(3) Aubry et Rau, t. III, p. 525, § 291, texte n° 2, lettre c.

sorti. Le tuteur aura donc besoin de l'autorisation du conseil de famille pour l'intenter.

L'action tendant à affranchir l'immeuble d'un mineur d'un droit de servitude est aussi une action immobilière pour l'introduction de laquelle le tuteur aura besoin d'être autorisé. On a contesté ici la nécessité de l'autorisation, parce que cette action tendant à affranchir un immeuble d'un droit de servitude, est plutôt une défense qu'une demande. Nous repoussons ce raisonnement et nous exigeons l'autorisation du conseil de famille, parce que l'exercice de cette action rentre évidemment dans le champ d'application de l'article 464, cet article ne distinguant pas les demandes ayant le caractère d'une défense des demandes ordinaires.

Des doutes se sont encore élevés sur la nature mobilière ou immobilière de l'action à fin de paiement du droit dans la mitoyenneté d'un mur appartenant au mineur. Ce qui a pu faire douter, c'est que le demandeur réclame une somme d'argent ; l'action qu'on exerce semble donc à première vue être une action mobilière. Mais en allant au fond des choses on voit que la demande suppose l'abandon par le demandeur de la mitoyenneté du mur, il est donc évident que l'action est relative à un droit immobilier. Une transmission de propriété a eu lieu, et elle n'a eu lieu que sous la condition du paiement d'une somme d'argent ; or le propriétaire qui a été contraint de céder la mitoyenneté, se trouve sous ce rapport dans la même condition que celle d'un vendeur d'immeubles.

L'action en rescision d'une vente d'immeubles est une action mobilière, a-t-on dit, parce que l'action en rescision

3

étant admise, l'acquéreur peut conserver l'immeuble en payant le supplément de prix. C'est là un point de vue complètement inexact à notre avis. L'action en rescision nous apparaît au contraire comme ayant pour but de faire anéantir le contrat de vente et de remettre l'immeuble vendu dans les mains du vendeur. Cette action est relative à la propriété d'un immeuble, et dès lors elle est immobilière de sa nature. Quant à la faculté, accordée à l'acquéreur par l'article 1681, d'échapper à la rescision en payant un supplément de prix, elle ne change pas la nature de l'action dont le but est primitivement de faire annuler un contrat de vente. Nous croyons donc que le tuteur a besoin de l'autorisation du conseil de famille pour l'intenter.

Il en est de même de l'action en résolution d'une vente ; elle est immobilière, car ce que réclame le vendeur c'est son immeuble et non une somme d'argent : il veut que la vente soit considérée comme nulle et non avenue (1).

II. *Actions en partage.* — L'article 465 du code civil exige que le tuteur soit autorisé par le conseil de famille pour provoquer un partage. Peu importe la cause de l'indivision, le texte, étant conçu en termes généraux, s'applique à tous les cas, que l'indivision provienne d'une succession, d'une communauté ou d'une société. (Art. 1476 et 1872 C. c.)

Comme nous l'avons déjà observé, l'article 465 s'applique dans sa généralité même au partage portant exclusivement sur des objets mobiliers.

Mais l'article 465 a-t-il en vue toutes sortes de par-

(1) Laurent, t. V, n° 492.

tages ? Les partages provisionnels comme les partages définitifs sont-ils soumis à cet article ?

Pour interpréter à ce point de vue l'article 465, il faut rechercher à l'aide des articles suivants quel partage le législateur a eu en vue. Or la lecture de l'article 466 démontre à l'évidence que si le législateur exige l'autorisation du conseil de famille dans l'article 465, s'il prend cette mesure de protection dans l'intérêt du mineur, c'est qu'il envisage un partage définitif.

La conséquence c'est que s'il s'agissait de faire un simple partage de jouissance, un partage provisionnel, il faudrait regarder cette opération comme un acte d'administration. Par suite un tel partage rentrerait dans les pouvoirs du tuteur qui aurait qualité pour le provoquer seul.

Il est vrai qu'un partage provisionnel peut être envisagé, à un certain point de vue, comme une atteinte portée aux droits du mineur, en le forçant quelquefois à rester dans l'indivision pendant un délai qui peut se prolonger pendant cinq ans. Mais néanmoins cette objection ne nous empêche pas de donner au tuteur le droit d'intenter sans autorisation un partage provisionnel. Nous considérons le partage provisionnel comme un acte d'administration qui même dans certains cas peut être nécessaire pour une bonne gestion. Assurément le partage provisionnel force le mineur à rester quelque temps dans l'indivision, mais il n'y a là aucune atteinte portée aux droits du conseil de famille, car si le conseil de famille peut autoriser le tuteur à procéder à un partage définitif, dans aucun cas il ne peut prendre l'initiative d'un partage et contraindre le tuteur à y procéder.

On comprend que l'autorisation du conseil de famille soit nécessaire au tuteur pour procéder à un partage définitif, car les droits que le mineur peut avoir dans un partage seront toujours importants, et de plus, à raison de son caractère déclaratif, le partage constituera une sorte d'aliénation. Enfin il peut y avoir une très grande importance à examiner si, dans l'intérêt du mineur, il ne vaut pas mieux rester dans l'indivision jusqu'à sa majorité, plutôt que de provoquer un partage judiciaire, le seul qui produise des effets définitifs lorsqu'il s'agit des mineurs (art. 466 C. c.). C'était assurément le conseil de famille qui était le mieux à même d'apprécier ces raisons, et selon qu'il y aura avantage ou non à provoquer un partage définitif, il accordera ou refusera son autorisation.

Si dans un partage plusieurs mineurs ayant le même tuteur ont des intérêts opposés entre eux, ce tuteur n'aura pas qualité pour représenter tous les mineurs; il ne pourra en représenter qu'un ou seulement ceux qui ont un même intérêt. Quant aux autres, il faudra leur nommer un tuteur spécial qui sera chargé de leurs intérêts pour cette affaire particulière (art. 838 C. c.).

Ce tuteur spécial est qualifié de tuteur *ad hoc*, parce qu'il n'est tuteur que pour une affaire déterminée, pour le partage en vue au moment où il a été désigné comme tuteur. Aussi ses pouvoirs sont restreints et limités à ce seul partage. Il n'aurait pas qualité pour représenter le mineur dans une contestation qui, bien que née à propos de ce partage, n'aurait aucun lien de connexité avec lui.

Le curateur au ventre ne pouvant faire que des actes conservatoires n'aurait pas qualité pour intenter une demande en partage au nom de l'enfant à naître. En effet, si le curateur au ventre voulait agir, les autres intéressés seraient fondés à prétendre que la vocation de l'enfant conçu n'étant que conditionnelle et pouvant en définitive ne pas se réaliser, il convient d'attendre l'événement avant de s'engager dans les frais d'un partage judiciaire, qui serait complètement inutile, si l'enfant ne naissait pas vivant et viable (1).

Tout ce que peut demander le curateur, ce sont des mesures conservatoires pour sauvegarder les intérêts et lesdroits de l'enfant à naître.

III. *Actions concernant l'état du mineur.* — C'est sur l'importance des actions immobilières et des actions en partage que nous nous sommes fondés pour exiger du tuteur l'autorisation du conseil de famille à l'effet d'intenter ces actions. Les actions relatives à l'état du mineur étant d'un intérêt encore supérieur, il faut *a fortiori* exiger l'autorisation du conseil de famille pour que le tuteur puisse les intenter (2).

On a vainement prétendu que le législateur ne s'étant pas expliqué au sujet de ces actions, il était impossible de les assimiler aux actions immobilières, et que par conséquent il fallait permettre au tuteur de les intenter sans autorisation.

La distinction que le législateur a eue en vue quand il a exigé l'autorisation du conseil de famille pour certaines actions, était basée sur l'importance des actions. Or en

(1) Demolombe, t. VII, n° 76.— Aubry et Rau, § 136, p. 561, t. I.
(2) Aubry et Rau, t. I, p. 463, texte et note 7.

prenant ce critérium pour point de départ, on est forcément amené à reconnaître que les actions concernant l'état sont d'une importance encore plus grande que les actions immobilières et les actions en partage (1).

Le tuteur aura donc besoin de l'autorisation du conseil de famille pour introduire régulièrement une action en réclamation d'état, en rectification d'un acte de l'état civil, concernant le mineur.

Mais que décider s'il s'agit d'une action concernant l'état d'un parent du mineur ? Le tuteur aura-t-il besoin de l'autorisation du conseil de famille pour intenter une demande en interdiction au nom du mineur contre un de ses parents ? Nous ne le croyons pas, car il ne s'agit pas là d'une action concernant l'état du mineur.

§ 3. — Mineurs sous l'administration légale.

Comme nous l'avons déjà dit, le mineur qui a encore ses père et mère sera représenté par le père administrateur légal.

L'article 389 relatif à l'administration légale ne nous dit pas quels sont les pouvoirs de l'administrateur légal. Aussi, à raison de l'analogie qui existe entre la situation du père administrateur légal et celle du tuteur, n'hésitons-nous pas à lui appliquer les textes de la tutelle et à lui donner tous les pouvoirs du tuteur. Mais comme l'administration légale ne comporte ni conseil de famille ni subrogé tuteur, nous n'appliquerons les textes de la tutelle

(1) Demolombe, t. VII, n° 694.

que dans la mesure que le permet l'organisation de l'administration légale.

En conséquence, le père administrateur légal, n'ayant pas ses pouvoirs limités par un conseil de famille, pourra intenter seul, et sans aucune autorisation, aussi bien les actions immobilières, les actions en partage et les actions concernant l'état des mineurs, que les actions mobilières.

MM. Aubry et Rau (1) et Demolombe (2) imposent au père administrateur légal les mêmes conditions et formalités qu'au tuteur pour l'introduction des instances. Ils justifient leur opinion en s'appuyant sur ce que le père n'étant qu'administrateur du patrimoine de ses enfants mineurs, ne doit pas avoir des pouvoirs plus étendus que l'administrateur du patrimoine d'autrui en général.

Cette opinion nous paraît inacceptable.

Nous reconnaissons bien que le père n'est que l'administrateur des biens de ses enfants, mais ce n'est pas un administrateur ordinaire. C'est un administrateur qui présente les plus grandes garanties, parce que le mariage subsiste et que la mère est près de lui pour surveiller les intérêts des enfants communs. Aussi la restriction, apportée par les articles 464 et 465 au principe qui détermine les pouvoirs du tuteur, ne s'applique qu'au tuteur seul et non à l'administrateur légal (3).

Combattant le système que nous soutenons, M. Demolombe lui fait cette objection :

« Où les règles de l'administration tutélaire sont appli-

(1) T. I, p. 507, texte et note 39.
(2) T. VI, n° 446.
(3) Bourges, 11 février 1863. S. 1863, 2, 121.

cables à l'administration légale ; ou elles ne lui sont pas applicables. »

Et il en conclut que dans le premier cas, l'administrateur légal a besoin de l'autorisation du conseil de famille ; dans le second cas il n'a pas même besoin de l'autorisation du tribunal.

A ce dilemme nous répondons que nous n'empruntons à la tutelle que ce qui est compatible avec l'administration légale, laquelle ne comporte ni conseil de famille, ni subrogé tuteur.

Et retournant ce même dilemme contre le système adopté par M. Demolombe, nous lui faisons ce grave reproche : c'est qu'il emprunte certaine institution spéciale à la tutelle pour l'appliquer à l'administration légale, comme le conseil de famille ; tandis que, s'agissant du subrogé tuteur, qui est une autre institution spéciale à la tutelle, il déclare qu'il n'y a pas lieu d'en nommer pendant l'administration légale, parce que, dit-il : « Qui dit subrogé tuteur, dit tuteur ; or il n'y a point de tuteur là où il n'y a point de tutelle. »

Nous sommes d'accord avec M. Demolombe sur ce point que, pendant l'administration légale, il n'y a point de tutelle.

Mais s'il admet cette conséquence pour ce qui est du subrogé tuteur, pourquoi ne l'admet-il pas quand il s'agit du conseil de famille ?

Il nous semble qu'il y a dans le système de M. Demolombe un manque de logique auquel nous prétendons échapper en affranchissant l'administration légale de la surveillance du conseil de famille.

Il résulte de notre interprétation, qui n'est en contradiction avec aucun texte, que le père administrateur légal a des pouvoirs plus étendus que le tuteur en ce qui concerne l'exercice des actions en justice.

Il n'y a là rien qui doive nous surprendre. Le tuteur est en effet assez souvent un parent éloigné, il était donc nécessaire, de prendre certaines mesures de précaution, destinées à sauvegarder les intérêts des mineurs en tutelle, dans les actes les plus importants : voilà pourquoi le législateur exige que le tuteur obtienne l'autorisation du conseil de famille pour introduire certaines actions.

Au contraire, une semblable restriction apportée aux pouvoirs du père serait plus difficile à justifier. Le père est, en effet, la personne dans laquelle on peut avoir le plus de confiance quand il s'agit de l'administration des biens de ses enfants mineurs. De plus, le mineur trouve dans la présence et l'affection de sa mère une surveillance qui rend inutile l'adjonction du conseil de famille et constitue pour lui aux yeux du législateur une garantie puissante dont il est privé lorsque le mariage est dissous.

Au point de vue des textes, cette solution se justifie très bien. Il est tout naturel de ne pas appliquer au père administrateur légal les articles 464 et 465 qui viennent restreindre les pouvoirs du tuteur seul : d'ailleurs l'article 389 ne renvoie pas à ces textes. Enfin l'administration légale, comme nous l'avons dit, ne comportant pas de conseil de famille, on ne comprendrait pas que le père fût obligé de faire composer un conseil de famille, alors qu'aucun texte ne lui en fait une obligation.

Le père, administrateur légal, représente donc seul ses

enfants mineurs en justice, sans jamais avoir besoin de l'autorisation d'un conseil de famille.

Il en est de même de la mère qui exerce la puissance paternelle en cas d'impossibilité de la part du père.

Ils pourront intenter sans aucune autorisation même les actions immobilières et les actions en partage concernant leurs enfants mineurs.

Il en sera de même de tous les actes que le tuteur ne peut faire qu'avec l'autorisation du conseil de famille.

Quant aux actes pour l'accomplissement desquels l'autorisation du conseil de famille ne suffit pas au tuteur, ces actes seront également impossibles au père administrateur légal.

Ainsi, pour faire un aveu au nom de ses enfants mineurs, le père administrateur légal devra obtenir l'homologation du tribunal ; pour déférer un serment litisdécisoire au nom du mineur, il devra observer les formalités de l'article 467.

§ 4. — Opposition d'intérêts entre le mineur et ses représentants.

Il peut surgir au cours soit de la tutelle, soit de l'administration légale, une opposition d'intérêts entre l'incapable et son représentant. Ce représentant n'offrant plus alors les garanties nécessaires pour la sauvegarde des intérêts du représenté, la loi lui en a désigné un autre.

1° Opposition d'intérêts entre le mineur et le tuteur.

En cas d'opposition d'intérêts entre un mineur et son tuteur, la loi a chargé le subrogé tuteur du soin d'agir pour le mineur et de le représenter.

Il résulte des termes de l'article 420 du code civil que les fonctions ordinaires du subrogé tuteur consistent dans un rôle purement passif. Il ne prend un rôle actif que lorsque l'opposition se manifeste entre les intérêts du mineur et ceux du tuteur.

Dès que cette opposition s'est manifestée, le subrogé tuteur doit agir, et s'il est nécessaire d'intenter une action contre le tuteur au nom du mineur, c'est le subrogé tuteur qui l'intentera et qui représentera le mineur.

Le subrogé tuteur, qui agit comme représentant du mineur, se trouve soumis aux mêmes règles que le tuteur, pour l'introduction des instances. Il peut intenter sans autorisation les actions mobilières et possessoires ; au contraire, il a besoin de l'autorisation du conseil de famille pour intenter soit une action immobilière, soit une action en partage, soit une action concernant l'état du mineur.

Un point délicat est celui de savoir à quel moment le subrogé tuteur devra agir à la place du tuteur.

Il y a là surtout une question de fait. Si une opposition d'intérêts est imminente et menace d'éclater, l'intérêt bien compris du mineur peut exiger que le subrogé tuteur agisse tout de suite, avant même que l'opposition ait éclaté ouvertement. Il ne faut pas hésiter dans ce cas à donner au subrogé tuteur le droit d'agir, car toutes les fois qu'un acte peut être fait dans l'intérêt du mineur sans violer la loi, cet acte doit être permis.

En un mot, dès que l'opposition d'intérêts s'est manifestée entre le tuteur et le mineur, le subrogé tuteur, comme l'indique son nom, est subrogé au tuteur dont il prend la place. Ce n'est plus le tuteur, mais le subrogé tuteur qui représentera désormais le mineur (art. 420).

C'est aussi une question de fait que celle de savoir quand il y aura opposition d'intérêts entre le tuteur et le mineur.

Le fait de plaider, quoique dans un intérêt distinct, avec ou contre un tiers, ne suffit pas pour qu'il y ait opposition d'intérêts entre le tuteur et le mineur. Par exemple, le mineur est régulièrement représenté par son tuteur lorsque tous deux demandent, en leur qualité d'héritiers *ab intestat*, la nullité d'un testament fait au profit d'un tiers ; ou encore si le tuteur et le mineur actionnés par un tiers en partage d'une succession, contestent à ce tiers sa qualité d'héritier. C'est que dans ces cas il n'y a pas d'opposition d'intérêts proprement dite, il s'agit plutôt de fixer la position commune du tuteur et du mineur vis-à-vis de ce tiers.

Au contraire, il y aurait opposition d'intérêts, et le subrogé tuteur devrait agir au nom du mineur, s'il s'agissait de faire reconnaître au moyen de sacrifices imposés au mineur la validité d'un acte, d'un testament par exemple, conférant au mineur ou au tuteur des droits distincts.

Malgré l'opposition d'intérêts existant entre lui et le mineur, il se peut que le tuteur, tout en exerçant ses propres droits, continue cependant à représenter le mineur. Il n'en représentera pas moins ce mineur dans les instances ainsi engagées, car il est toujours le représentant du mineur (art. 450 C. c.) et les décisions rendues dans ces conditions sont susceptibles de passer en force de chose jugée ; mais le mineur, dans ce cas, outre les voies ordinaires de recours pourra se pourvoir par la requête civile contre ces décisions, comme n'ayant pas été défendu.

Lorsqu'en cas d'opposition d'intérêts entre le mineur et son tuteur, le subrogé tuteur agit au nom de ce mineur, y a-t-il lieu de nommer un subrogé tuteur *ad hoc*?

L'article 420 est muet sur ce point. Nous croyons cependant qu'il faut en nommer un.

En cas d'opposition entre le mineur et le tuteur, en effet, le subrogé tuteur est subrogé au tuteur; en prenant un rôle actif il devient en quelque sorte tuteur, il faut donc nommer un subrogé tuteur *ad hoc* pour remplir la mission de surveillance incombant au subrogé tuteur (1).

Cette opinion, qui est partagée par la grande majorité des auteurs et de la jurisprudence, a été vivement combattue. Pour dire qu'il y a lieu de nommer un subrogé tuteur *ad hoc*, on se fonde sur ce que la subrogée tutelle serait vacante par suite du rôle actif du subrogé tuteur. Or comment peut-on dire, soutient une certaine opinion, que la subrogée tutelle est vacante, précisément au moment où son titulaire exerce la principale fonction qui la constitue? La subrogée tutelle n'existe, en réalité à l'état actif, que lorsqu'une opposition d'intérêts entre le tuteur et le mineur lui permet en quelque sorte de se révéler; en dehors de cette hypothèse, elle n'existe qu'à l'état latent. La garantie du mineur se trouve dans l'intervention personnelle du subrogé tuteur. La loi, qui a trouvé cette garantie suffisante, n'a pas imaginé un système plus compliqué de protection, et la nomination d'un subrogé tuteur *ad hoc* n'est pas nécessaire (2).

(1) Paris, 4 décembre 1878, sous Cass. 5 août 1879. S. 1880, 1, 193. — Demolombe, t. VII, nᵒˢ 379 et 380. — Laurent, t. IV, nᵒ 427.
(2) Huc, *Commentaire théorique et pratique du C. c.*, t. III, p. 335.

A cette opinion nous faisons cette objection : aux termes de l'article 420, dans toute tutelle il y a un subrogé tuteur, c'est-à-dire un personnage qui remplit un rôle de surveillance auprès du représentant effectif et qui, le cas échéant, agit dans l'intérêt du mineur. Or lorsque le subrogé tuteur, en cas d'opposition d'intérêts, agit au nom du mineur, qui est-ce qui remplira le rôle de surveillance prescrit par la loi? Ce ne peut pas être le tuteur, puisqu'il a des intérêts opposés au mineur. Et il est inadmissible que le législateur ait songé à donner un surveillant à la gestion du tuteur, tandis que la gestion du subrogé tuteur ne serait soumise à aucune surveillance. Il faut donc décider qu'il faudra nommer un subrogé tuteur *ad hoc*, pour remplacer le subrogé tuteur qui agit pour le mineur en opposition d'intérêts avec son tuteur (1).

Si au lieu de se manifester entre le mineur et le tuteur, l'opposition d'intérêts éclatait entre le mineur et le subrogé tuteur, il faudrait aussi nommer un subrogé tuteur *ad hoc*, car le subrogé tuteur ne pouvant plus agir, si l'occasion s'en présentait, dans l'intérêt du mineur, la tutelle se trouverait incomplète (arg. art. 420) (2).

2° *Opposition d'intérêts entre le mineur et le père administrateur légal.*

La loi ne dit pas qui représentera les enfants mineurs en cas d'opposition d'intérêts entre eux et leur père administrateur légal.

(1) Cass. 3 décembre 1889. D. 1890, 1. 21.
(2) Cass. 23 février 1892. *J. du P.* 1892, 1, 188.

Le père ne pouvant continuer à représenter ses enfants dans ce cas, il y a lieu de nommer un administrateur *ad hoc* qui les représentera tant que durera l'opposition d'intérêts entre eux et leur père.

Suivant MM. Aubry et Rau, et Demolombe, ce serait un tuteur *ad hoc;* suivant M. Duranton, ce serait un subrogé tuteur *ad hoc*, et suivant M. Magnin, un curateur, qui devrait en pareil cas être nommé au mineur (1).

Mais nous ne pouvons accepter ces qualifications qui nous paraissent inexactes.

Le père se trouvant empêché, rien n'est modifié dans la position du mineur dont les biens restent toujours soumis à l'administration légale. Il s'agit de remplacer l'administrateur légal, on nommera donc un administrateur *ad hoc* qui aura tous les pouvoirs du père pour représenter le mineur, tant que durera l'opposition d'intérêts entre le père et le mineur.

Cette manière de procéder pour remplacer le représentant d'un incapable, est celle employée par le législateur dans des cas analogues (arg. art. 318 et 838 C. c.); nous croyons donc qu'on doit aussi l'employer en présence du silence de l'article 389.

En disant que le père administrateur légal sera remplacé par un administrateur *ad hoc*, nous pensons nous conformer strictement à la loi.

Et il n'y a lieu de ne nommer qu'un administrateur *ad hoc*. La nomination d'un subrogé tuteur ne se comprendrait pas dans ce cas, car la subrogée tutelle, tout comme la

(1) Aubry et Rau, t. I, p. 500, texte et note 7.

tutelle, est complètement étrangère à l'administration légale.

En ce qui concerne les pouvoirs de l'administrateur *ad hoc*, représentant du mineur, nous ne pouvons que renvoyer aux pouvoirs du père administrateur. Cet administrateur *ad hoc* n'aura jamais besoin de l'autorisation du conseil de famille pour introduire une action en justice. Seulement ses pouvoirs seront limités à l'affaire pour laquelle il a été nommé, c'est-à-dire tant que durera l'*opposition d'intérêts* entre le père et l'enfant mineur (1).

L'administrateur *ad hoc* sera nommé par le tribunal.

MM. Aubry et Rau, et Demolombe, qui pensent que c'est un tuteur *ad hoc* qui doit être nommé dans notre cas, le font nommer par le conseil de famille.

Quant à nous, nous considérons au contraire qu'il est plus juridique de le faire nommer par le tribunal, parce que le conseil de famille est un rouage étranger à l'administration légale. Enfin nous croyons qu'il est plus sage, en cas d'insuffisance de protection par l'administration légale, et en dehors d'une réglementation spéciale de la loi, d'avoir recours aux tribunaux.

Tout ce que nous avons dit du père administrateur légal s'applique également à la mère.

Au cas où le père et la mère sont dans l'impossibilité d'agir pour leurs enfants mineurs, nous avons admis que la tutelle ne s'ouvrait pas et qu'il y avait lieu à la nomination d'un administrateur *ad hoc*.

Cet administrateur *ad hoc* sera nommé par les tribunaux.

(1) Paris, 5 avril 1876. S. 1876, 2, 331.

Mais quels seront ses pouvoirs? Allons-nous lui reconnaître les pouvoirs que nous avons reconnus au père administrateur légal? En principe, oui. Mais comme, dans ce cas, les mesures de protection à l'égard des mineurs sont prises par les tribunaux, il est évident qu'ils restreindront les pouvoirs de cet administrateur dans la mesure que pourra le commander l'intérêt des mineurs. Il nous semble qu'en cette matière, en présence de l'insuffisance des textes, c'est aux tribunaux et non à l'interprète de combler cette lacune de la loi (arg. art. 302 et art. 9, Loi du 24 juillet 1889).

§ 5. — Enfants naturels reconnus.

Les règles que nous venons de voir, concernant la représentation en justice, s'appliquent-elles aux enfants naturels reconnus?

Il faut établir certaines distinctions.

Ainsi, l'article 388 ne faisant aucune distinction entre les enfants naturels ou légitimes, nous n'hésitons pas à l'appliquer aux enfants naturels, et par voie de conséquence les dispositions générales concernant l'organisation et l'administration de la tutelle.

Au contraire, l'article 389 se plaçant dans l'hypothèse où il y a mariage, ne s'applique pas aux père et mère naturels. C'est donc en vertu des dispositions de l'article 450 C. c. que les biens des enfants naturels seront administrés.

Il n'y a pas d'administration légale pour les enfants naturels, et la tutelle s'ouvre pour eux dès l'époque de leur naissance (1).

(1) *Sic :* Demolombe, t. VIII, n° 380.—*Contra :* Laurent, t. IV, n° 359.

Cette solution est la seule qui nous paraisse exacte au point de vue de nos textes. Et en fait elle est très raisonnable. On comprend qu'on applique aux enfants naturels les règles de la tutelle et non celles de l'administration légale, car les garanties que présentent ordinairement la légitimité des époux et l'esprit de famille n'existant pas quand il s'agit d'enfants naturels, il était sage de les remplacer par des garanties positives que ne donne pas l'administration paternelle, mais que fournit précisément l'administration tutélaire.

Mais par qui sera nommé ce tuteur? Dans une certaine opinion on voudrait le faire nommer par le tribunal, sous prétexte que l'enfant naturel n'a pas de parents. Quant à nous, à défaut d'une disposition de notre loi sur ce point spécial, nous croyons qu'il faut suivre le droit commun en cette matière : c'est le conseil de famille qui le nommera conformément aux articles 406 à 409 du code civil. Et quand il s'agira d'enfants naturels, il n'y aura jamais lieu à la tutelle légale des père et mère, mais toujours à la tutelle dative. Il ne peut pas y avoir lieu à la tutelle des père et mère, car cette tutelle suppose qu'il y a eu mariage, ce qui n'est pas dans notre cas (1).

Laurent accorde la puissance paternelle au père ou à la mère qui ont reconnu leurs enfants ; elle leur appartient à titre égal s'ils les ont reconnus tous deux. Cette dernière solution, qui est contraire au principe de notre loi qui veut qu'il y ait un chef dans le ménage, nous confirme dans l'idée que l'article 389 n'est pas applicable aux père et mère de l'enfant naturel.

(1) *Contra :* Aubry et Rau, t. VI, p. 213. — Laurent, t. IV, nᵒˢ 414 et 415.

§ 6. — Enfants maltraités ou moralement abandonnés.

Lorsqu'aux termes des articles 1 et 2 de la loi du 24 juillet 1889 le père est déchu de la puissance paternelle, l'administration légale ne passe pas de plein droit à la mère. Le tribunal sera saisi sans délai et décidera si, dans l'intérêt de l'enfant, la mère exercera les droits de la puissance paternelle.

Si cette administration n'est pas conservée à la mère, le tribunal décide comment sera organisée la tutelle. Et alors c'est le tuteur qui représentera les mineurs.

Si, conformément à l'article 11 de cette loi, c'est l'assistance publique qui est chargée de la tutelle, les mineurs seront représentés en justice, soit par le président de la commission administrative de l'assistance, soit par un membre délégué à cet effet.

§ 7. — Enfants trouvés et abandonnés.

Les enfants trouvés et abandonnés, fussent-ils légitimes, admis à quelque titre et sous quelque dénomination que ce soit dans les hospices, sont sous la tutelle des commissions administratives de ces établissements. (L. 15 pluviôse an 13 et décret du 19 janvier 1811.)

C'est la commission administrative des hospices qui exercera les actions en leur nom, et cela quand bien même ces enfants seraient placés chez des étrangers. Dans la pratique, la commission administrative délègue cette tutelle à un de ses membres, qui est chargé de représenter ces mineurs dans les instances.

Quant aux pouvoirs de ce représentant en matière judiciaire, ils lui sont donnés spécialement pour chaque affaire par une délibération de la commission administrative.

CHAPITRE II

INTERDITS JUDICIAIRES

L'interdit, en ce qui concerne l'introduction d'une demande en justice, est assimilé au mineur (art. 509).

Comme le mineur, l'interdit est pourvu d'un tuteur et d'un subrogé tuteur. C'est le tuteur qui agit pour lui, qui le représente en justice. Le subrogé tuteur n'est chargé de le représenter qu'en cas d'opposition d'intérêts entre l'interdit et son tuteur.

En un mot, les règles concernant la représentation des mineurs s'appliquent entièrement à la représentation des interdits.

Toutefois, comme la situation légale des interdits n'est pas tout à fait identique à celle des mineurs, il se présente, à propos des interdits, quelques questions autres que celles que nous avons vues concernant les mineurs.

Pour les mineurs, il n'y a pas de difficulté sur le point de savoir à partir de quel moment le mineur doit être représenté. Il en est autrement pour l'interdit.

L'interdiction doit être prononcée par la justice (art. 492). Or, la nomination du tuteur et du subrogé tuteur ne peut avoir lieu qu'après la signification à partie du jugement qui prononce l'interdiction, et qu'après un délai de huitaine depuis la prononciation de ce jugement. Jusque-là. l'individu qu'on se propose d'interdire est en principe capable d'ester lui-même en justice, et de défendre aux actions dirigées contre lui.

Mais si l'état mental de la personne qu'on se propose d'interdire nécessite des mesures immédiates, on peut lui nommer un administrateur provisoire (art. 497). Cet administrateur provisoire est chargé du soin de la personne et des biens du défendeur ; il ne peut faire que des actes conservatoires ou d'urgence, sauf le cas où le tribunal lui aurait, en le nommant, conféré des pouvoirs plus étendus.

Après la signification du jugement prononçant l'interdiction, s'il s'est écoulé un délai de huitaine depuis la prononciation de ce jugement, le tuteur et le subrogé tuteur peuvent être nommés de suite et entrer en fonctions.

Il se peut que la personne dont on poursuit l'interdiction soit mariée. Si c'est la femme dont l'interdiction est poursuivie et obtenue, le mari devient son tuteur de droit. (Art. 506.) La conséquence c'est que le mari exercera toutes les actions qui avant l'interdiction appartenaient à la femme en vertu de son contrat de mariage. Mais pour les intenter il sera obligé de se soumettre aux restrictions établies par les articles 464 et 465 du code civil, avec l'extension que nous avons donnée à ces articles.

La disposition de l'article 506 qui accorde au mari la tutelle légale de sa femme interdite, devrait recevoir exception en cas de séparation de corps, sinon il arriverait

très souvent qu'on donnerait pour protecteur à la femme
son plus mortel ennemi (1).

Il faut même aller plus loin et décider qu'au cas de
séparation de corps, le conseil de famille ne peut déférer
la tutelle à l'un des époux et imposer ainsi à l'interdit une
situation qui modifierait les effets de la séparation prononcée.

La femme peut être tutrice de son mari interdit, sauf au
conseil de famille à régler les conditions d'administration,
et le recours devant les tribunaux de la part de la femme
qui se croirait lésée par la décision du conseil de famille.

Mais à la différence de celle du mari, la tutelle de la
femme dans ce cas n'est pas légale, elle est simplement
dative.

Si la femme a été nommée tutrice de son mari, sans aucune
restriction relativement à l'exercice des actions, elle le
représentera avec les mêmes pouvoirs qu'un tuteur ordinaire représente un interdit. Et comme en agissant en
qualité de tutrice de son mari, elle n'agit pas en tant que
femme mariée, elle n'aura pas besoin de l'autorisation de
justice, mais seulement de l'autorisation du conseil de
famille, dans les cas où cette autorisation est exigée par les
articles 464 et 465 du code civil.

Le tuteur de l'interdit peut, avec l'autorisation du conseil de famille, intenter une action en séparation de corps
au nom de cet interdit. (Art. 307 § 2, C. c.)

En exigeant l'autorisation du conseil de famille, le législateur nous paraît avoir tranché heureusement une ancienne.

(1) Montpellier, 8 juin 1870. D. 70, 2, 230.

controverse qui avait persisté jusqu'à la loi du 18 avril 1886, sur le point de savoir si le tuteur avait besoin ou non de l'autorisation du conseil de famille pour intenter une action en séparation de corps au nom de l'interdit. L'action en séparation de corps est une action qui, à raison de son importance, devait être considérée au moins comme aussi importante qu'une action immobilière ; il était donc logique d'exiger l'autorisation du conseil de famille pour en permettre l'exercice au tuteur.

Si l'interdit a pour tuteur son conjoint, la demande en séparation de corps sera formée par le subrogé tuteur. C'est l'application du principe posé par l'article 420 du code civil en cas d'opposition d'intérêts entre l'incapable et son tuteur.

Il résulte des travaux préparatoires de la loi du 18 avril 1886 que le tuteur ne pourrait pas, même avec l'autorisation du conseil de famille, former au nom de l'interdit une demande en divorce (1).

Cette différence entre le divorce et la séparation de corps se justifie très bien ; car le divorce brisant l'union conjugale, il faut pour l'introduire un acte de volonté personnelle qui exclut la représentation de l'incapable par son mandataire légal ; au contraire, la séparation de corps produit un effet qui n'a rien d'irrévocable, et que l'interdit qui revient à la raison peut faire cesser par sa simple volonté.

Mais le tuteur pourrait-il, sur la réquisition ou avec l'autorisation de l'interdit judiciaire se trouvant dans un

(1) Carpentier. *Explication de la loi du 18 avril 1886*, n° 27.

intervalle lucide, présenter une requête à fin de divorce ? Il
n'y a pas de disposition dans notre loi à ce sujet. Nous
croyons que même dans un intervalle lucide, l'interdit ne
pourrait pas manifester une volonté suffisante pour permettre à son tuteur d'intenter une demande en divorce. La
loi, en effet, présume que l'interdit est dans un état d'aliénation mentale continu, et c'est sur cette présomption,
présomption qui ne peut être combattue par la preuve
contraire (art. 1352, al. 2), qu'elle se fonde pour déclarer
nuls les actes par lui passés postérieurement à son interdiction (art. 502). Nous ne croyons donc pas qu'à aucun
moment, l'interdit puisse manifester une volonté suffisante
pour autoriser le tuteur à agir.

Le tuteur pourrait-il, au nom de l'interdit, exercer l'action en désaveu ?

Une opinion fortement motivée accorde ce droit au
tuteur. Elle se base sur ce que le tuteur, aux termes des
articles 450 et 509 du code civil, représente l'interdit dans
tous les actes civils, et sur la nécessité de venger l'honneur
du mari interdit, de protéger un patrimoine, et de ne pas
laisser sommeiller une action qui plus tard n'aurait plus
aucune chance de succès (1).

Nous n'hésitons cependant pas à dire que le tuteur
de l'interdit ne pourra pas exercer l'action en désaveu.
L'action en désaveu est une action essentiellement personnelle tant que vit le mari, à qui elle appartient directement ; le côté personnel l'emporte alors sur le côté pécu-

(1) Demolombe, t. V, n° 118. — Caen, 14 décembre 1876, *J. du P.*,
1877, 323.

niaire. S'il est vrai que le tuteur est investi aux termes des articles 450 et 509 du code civil de toutes les actions de l'interdit, il n'en est pas moins vrai qu'il peut y avoir des exceptions à cette règle. Nous en avons vu une résulter implicitement de la discussion de la loi du 18 avril 1886 et refuser au tuteur de l'interdit l'exercice de l'action en divorce. Bien que nous n'ayons rien d'équivalent en ce qui concerne l'action en désaveu, nous considérons qu'il y a là une autre exception au principe posé par les articles 450 et 509, et le délai de l'article 316 ne commencera à courir contre l'interdit que du jour où l'action aura pu être formée, soit par le mari relevé de l'interdiction, soit par ses héritiers.

Nous motivons notre opinion par cette considération que, tant que dure le mariage, l'action en désaveu est une action essentiellement personnelle dont l'exercice exige une conviction si profonde, et entraînerait au point de vue de la famille des conséquences tellement graves qu'elle ne peut appartenir qu'à l'interdit seul. Mais si, au contraire, l'action en désaveu n'appartenait à l'interdit que comme héritier du mari, le tuteur pourrait l'exercer au nom de cet interdit, parce qu'elle n'aurait plus qu'un caractère pécuniaire. Et même dans cette hypothèse nous croyons que l'autorisation du conseil de famille est nécessaire au tuteur pour l'intenter, car c'est une action qui, par son importance, doit être assimilée aux actions immobilières (1).

INTERDITS LÉGAUX

A côté des interdits judiciaires se placent les interdits légaux.

(1) Aubry et Rau, t. VI, p. 53, texte et notes 6 et 7.

Est en état d'interdiction légale, toute personne contra-
dictoirement (1) condamnée à la peine des travaux forcés
à temps, de la détention, de la réclusion (art. 29 C. p.),
des travaux forcés à perpétuité ou de la déportation (art. 2
loi du 31 mai 1854), pendant la durée de sa peine (2).

Les interdits légaux sont en tutelle. Il doit leur être
nommé un tuteur et un subrogé tuteur dans les formes
prescrites pour la nomination de tuteurs et de subrogés
tuteurs aux interdits. (Art. 29 C. p.)

Ce tuteur, ayant les mêmes pouvoirs que celui d'un
mineur ou d'un interdit judiciairement, administre les
biens de l'interdit légal et le représente dans les instances.

Le but de cette interdiction est d'empêcher que le condamné, en conservant l'administration de ses biens, ne
puisse corrompre ses gardiens, ou adoucir les rigueurs de
sa peine. Elle commence du jour où légalement la con-
damnation est devenue irrévocable, et cesse de plein droit
dès que le condamné s'est libéré.

Les pouvoirs du tuteur de l'interdit légal étant exacte-

(1) Pour les contumax, l'art 465 C. i. cr. contient une disposition
spéciale. Il résulte de cet article que le contumax n'est point
représenté et que toute action en justice lui est interdite en demandant. Mais comme ce texte doit s'interpréter restrictivement, il faut
admettre que le contumax est capable d'ester lui-même en justice en
défendant.

(2) Aux termes de l'article 12 de la loi du 30 mai 1854 et de l'article 4 alinéa 2 de la loi du 31 mai 1854, le gouvernement peut accorder aux condamnés aux travaux forcés à temps, aux travaux forcés à
perpétuité ou à la déportation, l'exercice de tout ou partie des droits
civils dont ils sont privés par leur état d'interdiction légale ; par conséquent l'administration des biens qu'ils possèdent dans le lieu où ils
subissent leur peine, avec le droit d'ester en justice relativement à ces
biens.

ment les mêmes que ceux du tuteur de l'interdit judiciaire, nous ne pouvons que renvoyer à ce que nous avons
dit précédemment.

Pour introduire une action en divorce concernant un
interdit légal, il y a toutefois une règle particulière dictée
par le caractère personnel de cette action. Le tuteur de
l'interdit légal ne pourra présenter la requête à fin de
divorce, que sur la réquisition ou avec l'autorisation de
l'interdit. (Art. 234 C. c.) Cette condition remplie, le
tuteur représentera valablement l'incapable dans l'instance
en divorce.

CHAPITRE III

Le mineur émancipé est celui qui, ayant été affranchi de la puissance paternelle ou de la puissance tutélaire, ou des deux à la fois, acquiert avant sa majorité le droit de se gouverner lui-même et d'administrer librement ses biens dans les limites posées par la loi.

Quant à la personne même du mineur, l'émancipation c'est la majorité; seulement, en ce qui concerne l'administration des biens, cette majorité se trouve soumise à certaines restrictions. C'est ainsi qu'au point de vue de l'exercice des actions en justice, le seul qui doive nous occuper, la capacité du mineur émancipé a été restreinte par le législateur.

I. *Actions que le mineur émancipé peut exercer seul.* — Pour ce qui est de l'exercice des actions mobilières, le mineur émancipé peut les introduire seul en justice (arg. art. 482) (1). Sa capacité n'est pas restreinte à cet égard.

---

(1) *Sic*, Aubry et Rau, t. I, § 132, p. 551. — Laurent, t. V, n° 220. — Dalloz, *Suppl.* v° Minorité, n° 712. — *Contra*, Demolombe, t. VIII, n° 285. — Duranton, t. XXI, n° 34.

Il peut de même, sans l'assistance de son curateur, intenter les actions possessoires, et diriger contre ses débiteurs
toutes espèces de poursuites soit mobilières, soit immobilières (1).

Les saisies mobilières ne sont point des instances, mais
seulement des actes extra-judiciaires, car le créancier qui
les pratique ne s'adresse à la justice que si le débiteur ou
les tiers soulèvent contre lui quelque incident, ou si,
ayant fait une saisie-arrêt, il forme une demande en validité ou en déclaration affirmative. Mais, même dans ce cas,
il n'y a qu'une instance en matière mobilière, que le mineur émancipé peut intenter et suivre seul.

Il y a plus de doute en ce qui concerne la saisie immobilière, qui exige la constitution d'un avoué par le saisis-
sant et l'intervention du tribunal de première instance. On
pourrait être tenté d'y voir une action immobilière. Il n'en
est rien cependant, car une action immobilière tend *ad
quid immobile est*, tandis que la saisie immobilière, comme
toutes les autres saisies, n'est qu'un acte d'administration
qui ne vise qu'à obtenir une somme d'argent.

Le mineur émancipé pourra donc pratiquer sans l'assistance de son curateur une saisie immobilière ayant pour
objet le recouvrement de ses revenus.

S'il s'agissait, au contraire, d'une saisie immobilière tendant au remboursement de capitaux, le mineur émancipé
ne pourrait pas la pratiquer sans l'assistance de son curateur, car le commandement comporte, pour l'huissier, le
pouvoir de toucher, et ce pouvoir ne peut lui être donné

(1) Voir note précédente.

que par le mineur assisté de son curateur (art. 482 C. c.).

Il faut aussi au mineur émancipé l'assistance de son curateur pour former une demande tendant à la conversion en vente volontaire d'une saisie immobilière, ou pour s'adjoindre à une pareille demande (art. 744 C. pr. c.). C'est que la conversion en vente volontaire fait que la justice se trouve dessaisie, et comme le mineur émancipé pourrait se trouver sans protection, la loi exige, pour la validité d'un pareil acte, l'assistance du curateur.

Que décider pour les demandes mobilières concernant les capitaux dus au mineur émancipé ? Bon nombre d'auteurs, entre autres MM. Aubry et Rau, et Demolombe, pensent que le mineur émancipé a besoin de l'assistance de son conseil judiciaire pour intenter une action concernant ses capitaux mobiliers. Ces auteurs, pour justifier leur opinion, s'appuient sur l'article 482, qui déclare que le mineur émancipé ne pourra même recevoir et donner décharge d'un capital mobilier, sans l'assistance de son curateur. M. Demolombe s'exprime en ces termes : « Non seulement, en effet, le mineur plaidant seul pourrait compromettre ce capital dont la loi pourtant ne veut pas qu'il puisse disposer seul ; mais le tiers, placé en face du mineur non assisté de son curateur, aurait un adversaire qui ne pourrait pas même recevoir l'objet litigieux, s'il lui était offert, et qui dès lors ne paraît pas devoir être considéré comme capable de le demander (1). »

Nous ne pouvons cependant adopter cette manière de voir.

(1) Demolombe, t. VIII, n° 284.

On ne peut pas refuser à un mineur émancipé le droit d'intenter seul une action concernant un capital mobilier, sous prétexte qu'en plaidant seul il pourrait compromettre ce capital. Si l'on raisonnait ainsi, il faudrait refuser absolument au mineur émancipé le droit de plaider, car en toute sorte de matière mobilière le mineur court le risque de perdre et de compromettre un capital mobilier.

Le mineur émancipé ayant la capacité d'intenter seul les actions mobilières, il ne faut lui retirer ce droit que lorsqu'un texte s'exprime formellement à cet égard. Or qu'est-ce que l'article 482 défend au mineur émancipé? Il lui défend de « recevoir et donner décharge d'un capital mobilier », et non de plaider lorsque l'action concerne un capital mobilier.

Notre conclusion est donc que le mineur émancipé peut intenter seul une action mobilière, même concernant un capital mobilier. Mais si le mineur obtient gain de cause, il aura besoin de l'assistance de son curateur pour recevoir et donner décharge de ce capital. Telle est, nous semble-t-il, l'interprétation exacte de l'article 482 (1).

Le but du législateur, en exigeant ici l'intervention du curateur, est d'empêcher le mineur émancipé d'avoir ses capitaux à sa disposition, de crainte qu'il ne les dissipe.

Des actions mobilières il faut rapprocher les actions possessoires qui rentrent parmi les actes d'administration, et que le mineur émancipé peut introduire sans l'assistance de son curateur.

(1) Laurent, t. V, n° 220. — Douai, 26 avril 1865. *J du P*, 1866, 702.

Enfin le mineur émancipé pourra encore intenter seul l'action en bornage, quand elle suppose la propriété non contestée et qu'elle n'a d'autre objet que de conserver à chacune des parties l'intégrité de son héritage, car à ce point de vue l'action en bornage rentre dans la catégorie des actes conservatoires (I).

Mais si, au contraire, l'exercice de l'action en bornage suscitait des contestations et prenait le caractère d'une revendication, il faudrait l'assimiler aux actions réelles immobilières.

· II. *Actions que le mineur émancipé ne peut exercer qu'avec l'assistance de son curateur.* — La capacité du mineur émancipé est soumise à des restrictions pour l'introduction des actions immobilières. Il ne peut les intenter sans l'assistance de son curateur.

Il en sera ainsi de l'action en bornage, lorsqu'à l'occasion de son exercice il doit surgir une question de propriété.

Il en sera encore de même de l'action en réméré, de l'action tendant à affranchir l'immeuble du mineur émancipé d'un droit de servitude, de l'action en rescision d'une vente d'immeubles pour cause de lésion de plus des sept douzièmes, de l'action à fin de paiement du droit dans la mitoyenneté d'un mur appartenant au mineur émancipé, qui sont à notre avis des actions immobilières.

Le mineur émancipé ne pourra pas non plus faire une surenchère sans l'assistance de son curateur.

Le mineur émancipé a encore besoin de l'assistance de

(1) Bourbeau, *De la justice de paix*, n° 252.

son curateur pour introduire une action en partage. (Art. 465 et 840 C. c.)

Cette règle s'applique même au partage d'universalités composées exclusivement d'objets mobiliers.

L'article 484 posant cette règle, que pour tous les actes autres que ceux de pure administration le mineur émancipé devra observer les formes prescrites au mineur non émancipé, on a pu soutenir, avec quelque apparence de raison, que l'article 482 n'établissant d'exception à cette règle que pour l'action immobilière, le mineur émancipé devait, en dehors de l'assistance de son curateur, obtenir l'autorisation du conseil de famille pour intenter une demande en partage. Mais en présence des termes formels de l'article 840 du code civil qui ne parle de l'autorisation du conseil de famille qu'à propos des tuteurs, il n'est pas douteux que le mineur émancipé puisse intenter une action en partage avec la seule assistance de son curateur.

L'article 482 est muet en ce qui concerne les actions relatives à l'état du mineur émancipé. Il faut cependant décider que l'assistance du curateur est nécessaire au mineur émancipé pour introduire les actions concernant son état. Ces actions sont, en effet, au moins aussi importantes que les actions immobilières.

C'est ainsi que le mineur émancipé aura besoin de l'assistance de son curateur pour intenter une demande en séparation de corps, une demande en divorce, en réclamation de filiation légitime ou naturelle, en désaveu d'enfant.

L'époux, mineur émancipé par le mariage, qui veut demander le divorce ou la séparation de corps, peut avoir pour curateur son conjoint. Il est évident dans ce cas que ce n'est pas l'assistance de ce conjoint qu'il devra obtenir pour intenter son action (arg. art. 420 C. c.), il sera obligé, avant d'agir, de se faire nommer un curateur *ad hoc*.

Le mineur émancipé qui a figuré seul dans une instance relative à une matière pour laquelle l'assistance de son curateur était exigée, aura, indépendamment des autres voies de recours, celle de la requête civile pour faire annuler la décision rendue contre lui (1).

Un arrêt a décidé dans cet ordre d'idées, que si le curateur intervenait au cours d'une instance intentée par le mineur émancipé sans son assistance, cette intervention n'aurait point pour effet de régulariser la procédure antérieure, car le mineur émancipé était sans qualité pour agir seul, et l'intervention du curateur ne pourrait pas rendre valable ce qui est nul, elle pourrait tout au plus valider le premier acte de la procédure (2).

Cette décision nous semble inadmissible, car le mineur émancipé n'est atteint que d'une incapacité très relative, et la présence du curateur qui est exigée pour certains actes ne l'est que dans l'intérêt du mineur ; nous croyons donc que l'intervention du curateur peut effacer le vice résultant du défaut d'assistance et valider la procédure antérieure.

Le curateur chargé d'assister le mineur émancipé est nommé par le conseil de famille (art. 480) (3). Il n'y a pas

---

(1) Laurent, t. V, no 229. — Garsonnet, t. V, no 1099.
(2) Poitiers, 27 mai 1880. *J. du P.*, 1882, 111.
(3) On n'est pas d'accord sur le mode de nomination du curateur. Les uns enseignent que l'on doit appliquer, à la nomination du cura-

de curatelle légale des père et mère, quand bien même ce serait le père, ou la mère, qui émanciperait l'enfant pendant le mariage.

La règle qu'il n'y a pas de curatelle légale, ne reçoit d'exception que pour le mari qui est de droit curateur de sa femme mineure (arg. art. 506 et 2208) (1). Celle-ci peut donc avec l'assistance de son mari et sans avoir besoin d'un curateur étranger intenter une action immobilière. Cette exception, qui est vivement combattue par M. Baudry-Lacantinerie, se justifie par des raisons de convenance, et par deux arguments d'analogie tirés des articles 2208 et 506 du code civil qui permettent de penser que le législateur a songé à la curatelle légale du mari.

La loi du 15 pluviôse an XIII a créé une curatelle légitime, en décidant que le receveur de l'hospice remplit les fonctions de curateur à l'égard des enfants émancipés par la commission administrative, sous la tutelle de laquelle ils se trouvaient placés.

Si le mineur émancipé veut introduire une action pour laquelle l'assistance du curateur est nécessaire, et que

teur de l'émancipé, les règles établies par la loi en ce qui concerne le mode de nomination du tuteur (Delvincourt, t. I, p. 126, note 3) ; les autres qu'on ne doit appliquer les règles de nomination du tuteur qu'avec certaines restrictions (Taulier, t. II, p. 92 et 93) ; d'autres enfin proposent d'appliquer la curatelle légitime au cas où l'enfant a été émancipé pendant le mariage, et la curatelle dative au cas où l'enfant a été émancipé après le mariage.

Mais ces différents systèmes n'ont aucune base dans la loi, aussi croyons-nous qu'il est plus juridique de s'en tenir au mode de nomination indiqué par le législateur dans l'article 480 du Code civil.

(1) Pau, 1° mars 1811. *J. du P.*, 1811, 168. — Cassation, 4 février 1868, S. 1868, 1, 441.

celui-ci refuse son assistance, le mineur pourra-t-il vaincre
cette résistance ? Le refus du curateur d'assister le mineur
émancipé peut être parfaitement justifié, aussi le mineur
ne peut-il pas passer outre, autrement les fonctions du
curateur n'auraient aucune efficacité. Le mineur émancipé,
pour vaincre ce refus de son curateur, devra s'adresser
au conseil de famille. Le conseil de famille examinera
les motifs du refus du curateur, et en cas de refus injuste
il pourra enjoindre au curateur d'assister le mineur
émancipé, et même nommer un curateur *ad hoc*, ou remplacer le curateur qui persisterait dans son refus.

Nous pensons que le mineur émancipé doit s'adresser
au conseil de famille et non au tribunal, parce que la nomination d'un curateur *ad hoc* qui s'impose, en cas de refus
injuste d'assistance de la part du curateur, est de la compétence du conseil de famille et non de celle du tribunal
(art. 480) (1).

Mais au cas où le conseil de famille rejetterait la
demande du mineur émancipé, tendant à obtenir l'assistance d'un curateur pour intenter une action, ce mineur
pourrait se pourvoir devant les tribunaux contre cette
décision. (Art. 883 C. pr. c.)

Si c'est le mineur qui refuse d'agir, le curateur ne peut
pas agir pour lui. Et il est impossible au curateur de
vaincre ce refus du mineur, sous prétexte de mauvaise
administration de la part de ce dernier. Le curateur ne
pourrait même pas prendre l'initiative de la révocation
de l'émancipation, laquelle ne peut être retirée au mineur,

(1) Demolombe, t. VIII, n° 314.

qu'à la suite de réduction d'engagements excessifs qu'il aurait contractés et fait réduire sur sa demande. (Art. 484 et 485 C. c.)

S'il surgissait une opposition d'intérêts entre le mineur émancipé et son curateur, celui-ci ne pourrait pas assister valablement le mineur. Dans ce cas, le curateur devrait provoquer la nomination d'un curateur *ad hoc*, pour assister le mineur pendant la durée de l'opposition d'intérêts (1).

(1) Demolombe, t. VIII, nº 253.

CHAPITRE IV

PRODIGUES ET FAIBLES D'ESPRIT

Le prodigue est la personne majeure qui consomme en dépenses improductives non seulement la totalité de ses revenus, mais encore une portion de son capital, de manière à amener sa ruine dans un délai plus ou moins court.

Le faible d'esprit, ou simple d'esprit, est le majeur dont les facultés sans être complètement désorganisées, sont cependant gravement troublées.

Le législateur devait protéger ces personnes. Mais il devait le faire dans une sage limite. Employer la mesure rigoureuse de l'interdiction n'aurait pas été d'une nécessité absolue. Aussi s'est-il contenté de leur nommer un conseil judiciaire.

Le conseil judiciaire est une personne nommée par la justice et chargée d'assister un prodigue, ou un faible d'esprit, dans certains actes énumérés limitativement par la loi.

La dation d'un conseil judiciaire a pour effet d'interdire, à la personne qui en est pourvue, certains actes sans l'assistance de ce conseil. Et parmi ces actes figure le droit de plaider, le seul qui doive nous occuper. (Art. 499 et 513.)

Le conseil judiciaire, contrairement au tuteur, ne représente pas, il ne fait qu'assister. C'est le prodigue, ou le faible d'esprit, qui figure lui-même dans l'instance avec l'assistance de son conseil.

L'article 513 est conçu en termes généraux; il déclare qu'il peut être défendu aux prodigues de plaider. Et l'article 499 emploie des termes aussi absolus en ce qui concerne le faible d'esprit. Il faut donc décider que cette défense s'applique aussi bien à l'introduction des actions mobilières que des actions immobilières, et que cette prohibition doit recevoir son application quelle que soit la nature de la contestation.

Il faut l'appliquer même aux actions possessoires que le prodigue ne peut intenter qu'avec l'assistance de son curateur. Comme tout incapable, le prodigue peut bien faire des actes conservatoires; mais quand, pour l'exercice d'un droit, il s'engage une instance judiciaire, il doit être assisté de son conseil. Ainsi il peut faire opposition à un commandement, mais il doit avoir l'assistance de son conseil pour ester en justice sur cette opposition.

Cette prohibition de plaider s'applique aussi bien aux procès qui concernent la personne qu'à ceux qui concernent les biens, et un prodigue, ou un faible d'esprit, ne pourrait pas, sans l'assistance de son conseil judiciaire, demander en justice la mainlevée de l'opposition faite à son mariage, ni la séparation de corps ou le divorce.

Les articles 499 et 513 sont en effet conçus en termes généraux et ne font aucune distinction (1).

Le conseil judiciaire, avons-nous dit, est seulement appelé à donner son avis et à assister l'incapable. Comment donc se manifestera cette assistance ?

La nécessité de la présence et du concours du conseil judiciaire au cours de l'instance est indispensable et résulte des articles 499 et 513. Ces articles disent .i effet, que le prodigue, ou le faible d'esprit, ne pourra plaider sans l'assistance d'un conseil. Le conseil judiciaire doit donc procéder conjointement avec le prodigue. Les demandes seront introduites au nom du prodigue et au nom du conseil judiciaire comme l'assistant. Ce qu'exige la loi, ce n'est pas une simple autorisation, c'est la présence réelle du conseil. Il en résulte que la décision judiciaire rendue contre un prodigue, simplement autorisé par son conseil, sans que celui-ci ait figuré au procès, serait susceptible d'être annulée (2).

Le rôle du conseil judiciaire se borne donc à une simple assistance. Il ne pourrait pas se substituer au mineur émancipé et le remplacer. Il serait même sans qualité pour intervenir dans une instance et soutenir les intérêts du prodigue, en cas d'absence de celui-ci. Le mot assistance suppose en effet que le prodigue, ou le faible d'esprit, est présent et qu'il est partie principale, le conseil n'est là que pour le protéger et le prémunir contre les dangers de son imprévoyance. Et comme ce besoin de protection

(1) Demolombe, t. VIII, n° 723.
(2) Cass., 1er février 1876. *J. du P.*, 1876, 366.

est permanent, l'assistance du conseil judiciaire doit avoir lieu dans tous les procès et devant toutes les juridictions.

La Cour de cassation accorde des pouvoirs bien plus étendus au conseil judiciaire. Après lui avoir reconnu le droit d'attaquer seul par la voie de l'opposition ou de l'appel les jugements rendus contre le prodigue, elle a été jusqu'à décider que le conseil judiciaire avait qualité pour attaquer seul les actes passés par le prodigue, à la seule condition d'appeler ce dernier en cause (1).

Ces décisions de la Cour de cassation ont été motivées par le besoin de protéger les prodigues, mais nous ne les croyons pas juridiques. En décidant ainsi, la Cour de cassation donne en effet à l'institution du conseil judiciaire une plus grande efficacité que celle qu'elle a réellement. Aussi nous paraît-elle avoir fait la loi, plutôt que l'avoir appliquée.

Quant à nous, nous considérons que le conseil judiciaire ne pourra agir que comme assistant le prodigue, et jamais comme partie au procès.

Par exception, le prodigue pourrait sans assistance demander la mainlevée de son conseil. Il peut encore demander seul au tribunal la nomination d'un conseil *ad hoc* en cas d'opposition d'intérêts entre lui et son conseil judiciaire. Mais dans ce cas, il doit assigner en même temps son conseil, pour que celui-ci explique les motifs de son refus d'assistance (2).

Si le prodigue intente une action sans l'assistance de

(1) Cass., 29 juin 1881. D. 82, 1, 33.
(2) Demolombe, t. VIII, n° 714.

son conseil, le défendeur peut lui opposer une fin de non-procéder jusqu'à ce qu'il soit assisté ; car si le prodigue perdait son procès, il pourrait demander la nullité de l'instance soit par la voie de l'appel, soit par la voie du recours en cassation, en se basant sur ce défaut d'assistance (1).

Si le conseil judiciaire refusait avec de justes motifs d'assister le prodigue, il ne pourrait pas être suppléé à ce défaut d'assistance par une autorisation de justice. En cas de refus abusif, comme il est inadmissible d'admettre que le conseil judiciaire puisse, par une opposition contraire aux intérêts du prodigue, paralyser l'exercice de ses actions, il faut admettre que l'incapable pourra appeler son conseil devant le tribunal pour provoquer soit sa révocation, soit la nomination d'un conseil *ad hoc* (2).

Si, au contraire, c'est le prodigue qui refuse d'agir alors que ses intérêts exigeraient le contraire, le conseil n'a aucun moyen pour vaincre cette résistance.

(1) Laurent, t. V, n° 362.
(2) Cass., 12 août 1868. S. 1868, 1, 429.

CHAPITRE V

La démence est une cause de nullité des actes souscrits par celui qui en est atteint, ou des obligations par lui contractées en cet état. Mais comme la capacité de l'aliéné non interdit est la règle, celui-ci pourra, tant qu'il n'aura pas été pris de mesures contre lui, faire tous les actes de la vie civile.

L'aliéné non interdit et non interné est donc capable d'ester en jugement.

Mais il en est autrement de l'aliéné qui a été interné.

La capacité de ce dernier au point de vue de l'exercice des actions en justice est réglée par l'article 33 de la loi du 30 juin 1838. Cette disposition de la loi de 1838 ne peut s'appliquer ni aux mineurs non émancipés, ni aux interdits, qui sont suffisamment protégés par les lois de la tutelle. Au contraire, elle s'applique aux mineurs émancipés et aux individus pourvus d'un conseil judiciaire qui n'ont pas de représentant légal qui puisse administrer pour eux (1).

(1) Aubry et Rau, t. I, texte et note 2, p. 526. — Demolombe, t. VIII, n° 802.

Lorsqu'un individu est interné en vertu de la loi de 1838, on lui nomme un administrateur provisoire qui est chargé de l'administration de ses biens.

Les pouvoirs de cet administrateur se bornent à cette simple administration. Il n'est point à ce titre chargé de représenter en justice l'individu dont il gère les biens. L'exercice d'une action peut, en effet, avoir pour conséquence la disposition d'une portion des biens de l'aliéné ; or l'administrateur provisoire n'a pas des pouvoirs aussi étendus.

S'il y a une action à exercer au nom de l'aliéné interné, le tribunal du domicile de l'aliéné, à la demande de l'administrateur provisoire ou du procureur de la république, désignera un mandataire spécial à l'effet de le représenter en justice.

Les expressions employées à cet égard par l'article 33 sont générales et ne comportent aucune restriction. Il faut en conclure que pour introduire une instance, quelle qu'elle soit, au nom de l'aliéné non interdit, l'administrateur provisoire ou le procureur de la république devront provoquer la nomination d'un mandataire spécial qui agira en son nom.

Dans un seul cas l'administrateur provisoire a qualité pour ester en justice au nom de l'aliéné. C'est lorsqu'il y a contestation sur l'obligation de fournir des aliments ou sur leur quotité, pour les dépenses de l'entretien, du séjour et du traitement de l'aliéné, de la part de ceux auxquels il peut être demandé des aliments aux termes des articles 205 et suivants du code civil. (Art. 27, L. 1838.) MM. Aubry et Rau, au moins quand l'administration

provisoire est légale, contestent qu'il y ait là une exception
à la règle de la représentation de l'aliéné par un mandataire *ad litem* ; l'administrateur provisoire agirait,
dans notre hypothèse, plutôt au nom de la commission
administrative exerçant en vertu de l'article 1166 les
droits de l'aliéné débiteur, qu'au nom de l'aliéné lui-
même (1).

A notre avis, il y a là une exception à la règle de
l'article 33 de la loi de 1838. Cette exception se comprend
très bien dans notre cas : il s'agit de demander des aliments, et la loi a voulu éviter, à raison de l'urgence de
cette demande, la procédure nécessaire pour la nomination
d'un mandataire *ad litem*.

Le mandataire *ad litem* n'a qualité pour agir au nom
de l'aliéné que dans l'instance en vue de laquelle son
mandat lui a été donné. Si une autre instance naissait à
l'occasion de la première, il faudrait un nouveau mandat
pour que le mandataire déjà nommé pût agir. Ainsi une
succession est échue à un aliéné non interdit, et le mandataire, chargé par le tribunal d'intenter l'action en partage
au nom de l'aliéné, s'aperçoit que des valeurs héréditaires
ont été détournées. L'intérêt de l'aliéné exige qu'il se porte
partie civile dans la poursuite correctionnelle intentée
contre les auteurs des détournements ; mais le mandataire
désigné pour exercer l'action en partage ne pourra cependant pas se porter partie civile dans le procès correc-
tionnel, sans être investi d'un nouveau mandat spécial. Et
cela parce que l'article 33 de la loi de 1838 n'a en vue

(1) Aubry et Rau, t. I, note 17, p. 531.

qu'un mandat spécial qui doit être renouvelé pour chaque litige concernant l'aliéné.

Pour l'exercice des actions au nom de l'aliéné, il faut distinguer, suivant que l'instance a été intentée avant l'internement de l'aliéné ou après son internement.

S'agit-il d'une action intentée par l'aliéné avant son internement, l'action doit suivre son cours, et il y a lieu à la nomination d'un mandataire spécial sur la demande de l'administrateur provisoire, ou d'office à la requête du ministère public. Dans cette hypothèse la désignation d'un mandataire *ad litem* est obligatoire pour le tribunal. Il en est ainsi quand bien même l'action intentée serait une action concernant l'état de la personne internée.

On a prétendu que le mandataire *ad litem* nommé pour suivre une instance en séparation de corps, ou en divorce, intentée par l'aliéné avant son internement, n'avait pas qualité pour le représenter dans une semblable instance, par cette raison qu'il s'agissait d'une action essentiellement personnelle, que seul l'aliéné pouvait exercer. Il faut repousser cette opinion et permettre au mandataire de continuer l'instance introduite par l'aliéné. Il est vrai que nous nous plaçons dans l'hypothèse d'une action essentiellement personnelle ; mais puisque l'action a été portée devant les tribunaux par l'aliéné lui-même, alors qu'il était censé jouir de la plénitude de son intelligence, cette action doit pouvoir être suivie après son internement. L'aliéné avait l'exercice de ses droits au moment où il a intenté l'action, cela suffit pour que cette action puisse être suivie par un mandataire *ad litem*.

C'est un point qui, à notre avis, ne saurait faire de

doute, car l'article 33, premier alinéa, de la loi de 1838, est conçu en termes généraux et ne fait aucune exception pour les demandes en séparation de corps et en divorce.

S'il s'agit, au contraire, d'une action à intenter au nom de l'aliéné après son internement, la désignation du mandataire *ad litem* est purement facultative et restreinte aux cas d'urgence. Le tribunal ne pourra même nommer ce mandataire *ad litem*, que s'il s'agit d'une action mobilière ou immobilière, c'est-à-dire relative aux biens. Si l'action à intenter concernait l'état ou la personne de l'aliéné, le tribunal ne pourrait pas nommer un mandataire *ad litem*.

L'article 33, deuxième alinéa, parlant, en effet, des actions qui peuvent être intentées au nom de l'aliéné, ne cite que les actions mobilières et les actions immobilières. Il faut en conclure que le mandataire *ad litem* n'aurait pas qualité pour intenter les actions ayant un caractère personnel, comme une demande en séparation de corps. Pour intenter une telle action, il faudrait procéder à l'interdiction de l'aliéné et lui nommer un tuteur : c'est ce tuteur qui intenterait l'action.

Nous avons vu, au contraire, qu'un mandataire *ad litem* peut suivre une demande en séparation de corps intentée par l'aliéné avant son internement. Le motif de cette différence, c'est que l'aliéné, qui a lui-même introduit la demande, ne l'a fait que déterminé par des motifs qu'il a pu apprécier lui-même, et le mandataire qui suit cette demande ne fait que se conformer à la volonté antérieurement exprimée de l'aliéné.

L'aliéné interné peut avoir introduit lui-même une

action en justice. M. Demolombe pense qu'il faut considérer comme valable l'action ainsi formée, si l'aliéné a
agi dans un intervalle lucide (1). Nous croyons, au contraire, que l'action ainsi introduite est nulle pour défaut
de qualité de celui qui l'a introduite. La loi de 1838 a, en
effet, enlevé aux personnes aliénées et internées l'administration de leurs biens, parce qu'elle les considère
comme étant dans l'impossibilité morale de manifester
une volonté suffisante pour l'exercice de leurs droits, et
l'article 33 réglemente spécialement l'exercice du droit
d'ester en justice. Nous considérons que cet article 33
restreint la capacité de l'aliéné, et que celui-ci est sans
qualité pour agir soit en demandant, soit en défendant,
tant qu'il est interné. L'action intentée par l'aliéné, même
dans un intervalle lucide, nous semble donc nulle comme
intentée par un incapable. (Arg. art. 37, 1er alinéa, loi
du 30 juin 1838.)

Le mandataire *ad litem* qui agirait au nom de l'aliéné
sans avoir des pouvoirs suffisants, serait, à l'égard des
tiers, sans qualité pour agir, et la partie adverse pourrait
refuser de continuer le débat dans ces conditions.

Les pouvoirs du mandataire *ad litem* n'excèdent pas
la durée de l'instance pour laquelle il a été désigné. Il
représente l'aliéné dans tous les actes de procédure que
nécessite cette instance, mais il ne peut rien faire au
delà. Le jugement qui met fin à l'instance met fin à ses
pouvoirs.

Les pouvoirs du mandataire *ad litem* cessent encore de

(1) Demolombe, t. VIII, n° 863.

plein droit quand l'individu placé dans un établissement d'aliénés n'y est plus retenu (art. 37, L. 1838); mais les actes de ce mandataire seront néanmoins valables s'il ignorait la sortie de l'aliéné.

En cas d'interdiction, ce n'est pas le jugement d'interdiction, mais bien la nomination du tuteur qui met fin aux pouvoirs du mandataire *ad litem*, lequel peut agir tant que cette nomination n'est pas un fait accompli (1).

(1) Rouen, 13 février 1855. S. 1855, 2, 510.

CHAPITRE VI

FEMME MARIÉE

A propos de la femme mariée nous avons à étudier une double incapacité.

Une incapacité générale qui atteint toute femme mariée, sous quelque régime que ce soit, de plaider sans l'autorisation de son mari ou de justice.

Et une incapacité plus spéciale qui n'atteint la femme mariée que dans la mesure à laquelle l'y soumet son contrat de mariage. Et même cette incapacité n'existe pas pour la femme séparée de biens : cette seconde incapacité n'a trait qu'à l'exercice des actions personnelles de la femme.

§ 1er. — Autorisation de la femme mariée.

L'incapacité dont est frappée la femme mariée, de plaider sans autorisation, ne tient pas à son sexe, puisque la femme fille ou veuve est capable, mais au mariage.

Pothier justifiait cette incapacité par cette considération, que la femme se soumet en se mariant à l'autorité maritale. Et la conséquence c'était que les actes accomplis sans l'autorisation du mari étaient nuls, non seulement à l'égard de la femme, mais à l'égard de tous (1).

Nombre d'auteurs pensent encore, depuis le code civil, que ce n'est que dans l'intérêt du mari que l'autorisation maritale est requise (2).

Une seconde opinion fait intervenir une idée de protection dans le motif qui a déterminé l'incapacité de la femme mariée telle qu'elle est organisée par le code civil. C'est la femme, dit-on, qui, en contractant mariage, consent à se soumettre à cette protection, c'est ce qui explique pourquoi la nullité qui résulte du défaut d'autorisation n'est que relative.

Nous croyons cette deuxième opinion inexacte; car s'il était vrai que la femme consentait à se mettre sous la protection du mari, il devrait lui être permis de s'affranchir de cette incapacité, ce que ne permet pas l'article 1388 du code civil.

Aussi préférons-nous adopter une troisième opinion, et dire que l'autorisation maritale a pour fondement la puissance maritale et les intérêts matrimoniaux. C'est par déférence pour le mari, chef du ménage, que la femme incapable est obligée de se pourvoir d'une autorisation pour ester en justice; mais cette autorisation est aussi exigée dans l'intérêt de la famille, c'est ce qui explique la nécessité de l'autorisation de justice, dans les cas où l'autorité du mari, comme chef du ménage, n'en reçoit aucune atteinte.

L'incapacité d'ester en jugement, sans l'autorisation de

(1) Pothier, *Traité de la puissance du mari*, n°s 3-5.
(2) Delvincourt, t. I, p. 75, n° 11. — Toullier, t. II, n° 615. — Merlin, *Quest. de dr.*, t. IX, v° Puis. pater., § 4.

son mari, atteint la femme, quand même elle serait marchande publique, ou non commune, ou séparée de biens (art. 215 C. c.).

Peu importe le régime sous lequel la femme est mariée, peu importe que l'action soit mobilière ou immobilière. Le principe est général et doit recevoir son application dans tous les cas où la femme comparait en justice. Cette autorisation maritale est exigée même quand la femme est séparée de biens.

Toutefois, depuis la loi du 6 février 1893, la femme séparée de corps cesse d'être incapable; elle peut plaider elle-même sans autorisation de son mari ou de justice (art. 311 C. c.).

On entend par autorisation de femme mariée l'approbation donnée par le mari ou par la justice aux actes que la femme ne peut accomplir sans cette formalité.

Dès que la femme est mariée, elle a besoin de cette autorisation pour plaider.

La femme qui veut invoquer la nullité de son propre mariage devrait, semble-t-il, pouvoir agir sans autorisation, car on ne saurait l'obliger à procéder comme femme mariée, alors qu'elle conteste la validité de son mariage. Nous n'hésitons cependant pas à décider que même dans ce cas la femme doit être autorisée, car en demandant la nullité de son mariage, elle reconnait que, quant à présent du moins, il existe; il doit donc produire ses effets tant qu'il n'a pas été annulé, et l'incapacité de la femme est un de ces effets (1).

(1) Aubry et Rau, t. V, p. 139. — Demolombe, t. IV, n° 127.

Quant à l'autorisation que la femme devra obtenir pour intenter une telle action, c'est celle de son mari, et à son défaut celle de justice. La femme, en effet, tant que la nullité de son mariage n'est pas prononcée, reste sous la puissance maritale, et, par déférence pour l'autorité du mari, elle doit se munir de son autorisation pour ester en justice ; ce n'est qu'à son défaut qu'elle doit s'adresser à la justice.

Cependant la femme n'aurait pas besoin d'autorisation si elle plaidait l'inexistence de son mariage, prétendant qu'il n'y a jamais eu mariage. En effet, elle n'agirait plus dans ce cas comme femme mariée, et partant elle n'aurait plus besoin d'autorisation.

L'autorisation de plaider est exigée même pour les actions concernant des actes possessoires. Plaider au possessoire c'est en effet agir en justice, et l'on se trouve dans les termes de l'article 215 du code civil.

Il faut même aller plus loin dans cette interprétation de l'article 215, et décider que, si la femme a intenté une action avant son mariage, et qu'au moment de son mariage la cause ne soit pas en état, elle ne peut plus ultérieurement procéder sans être autorisée.

Nous croyons même que l'autorisation de justice, à défaut de celle du mari, serait nécessaire à la femme pour demander l'interdiction de son mari, car l'article 490 ne fait que donner qualité à la femme pour agir dans ce cas, mais ne la dispense pas d'autorisation (1).

La femme doit se pourvoir de l'autorisation maritale

(1) Demolombe, t. IV, n° 126. — *Contra*, Aubry et Rau, t. V, p. 141.

même dans les cas où elle a une action à diriger contre son mari, et celui-ci peut l'autoriser. C'était la solution de notre ancien droit, et il n'y a pas de raison pour empêcher dans ce cas le mari d'habiliter sa femme (1).

Il peut arriver qu'une instance se termine pendant le mariage sans que la femme ait besoin d'autorisation, c'est lorsque la femme ayant engagé un procès avant son mariage, l'affaire s'est trouvée en état au moment du mariage. Et cela parce qu'à partir de la mise en état, le rôle des parties étant déterminé d'après la qualité qu'elles avaient pendant les débats, l'instance se trouve définitivement arrêtée. (Art. 342 C. pr. c.) Le mari n'a donc pas d'autorisation à donner.

La femme aurait besoin de l'autorisation maritale même pour exercer une action civile devant les tribunaux de répression concurremment avec l'action publique, car c'est là agir en justice, et l'exception de l'article 216 du code civil ne s'applique pas à ce cas.

C'est au mari, en principe, qu'il appartient d'autoriser sa femme ; mais comme il peut y avoir un refus injuste de la part de celui-ci, la femme a la faculté de s'adresser à la justice qui, par son autorisation, pourra suppléer à celle du mari. (Art. 218 C. c.) Aussi cette autorisation est-elle qualifiée de supplétive, parce que ce n'est que dans certaines hypothèses exceptionnelles, que l'autorisation du mari peut et doit être suppléée par celle de justice.

Par exception la femme s'adresse directement à la justice, sans avoir besoin de l'autorisation maritale, quand

(1) Cass., 18 mars 1878. S. 1878, 1, 193.

il s'agit de demander la séparation de biens, la séparation de corps, ou le divorce. C'est le président du tribunal qui, dans ces cas, habilite la femme par l'ordonnance
dont il répond sa requête. (Art. 865, 175 C. pr. c., 231
C. c.) (1).

En dehors du cas où il y a refus injuste du mari, il y
a d'autres circonstances dans lesquelles c'est la justice
qui autorisera la femme. C'est ce qui aura lieu en cas
d'absence du mari. (Art. 222 C. c., et 863 C. pr. c.) Il
faut entendre ici le mot absence dans un sens technique,
c'est-à-dire qu'il désigne quelqu'un en état d'absence pré-
sumée ou déclarée. C'est ainsi que l'article 222 ne s'appliquerait pas si le mari était simplement non présent (2).
Il faudrait assimiler cette non-présence au défaut d'autorisation et avoir recours, pour l'autorisation, aux formes
tracées par les articles 861 et 862 du code de procédure
civile.

Au cas d'interdiction légale ou judiciaire du mari, ou
s'il est retenu dans une maison d'aliénés conformément à
la loi du 30 juin 1838, c'est encore par justice que la
femme sera autorisée (3).

L'article 222 du code civil ne parle que de l'interdit et
non de l'individu pourvu d'un conseil judiciaire; que décider si le mari est pourvu d'un conseil judiciaire? Nous
pensons que, dans ce cas, l'autorisation doit être donnée
par justice. C'est en vain qu'on objecte l'article 222 du
code civil qui ne vise que l'interdit. Le prodigue est con-

(1) Cass., 14 mai 1884. P. 1885, 1, 131.
(2) Aubry et Rau, t. V, § 472 3° et note 39, p. 146 et 147.
(3) Aubry et Rau, t. V, p. 147.

sidéré comme un demi-interdit, il faut l'assimiler à l'interdit quant à l'incapacité de plaider ; et dans ce cas l'autorisation d'ester en justice sera donnée à la femme, non pas par le mari assisté de son conseil judiciaire, mais par justice, car les dispositions de notre loi indiquent clairement qu'à défaut du mari, c'est par justice que la femme doit être autorisée. (Art. 224 C. c.) (1).

Si le mari est mineur, c'est encore l'autorisation du juge que la femme devra obtenir pour ester en jugement. (Art. 224 C. c.) La loi en a décidé ainsi, parce qu'elle n'a pas voulu sacrifier la femme mariée au caprice ou à l'inexpérience d'un incapable. Mais comme le mari se trouvera être un mineur émancipé par le mariage, il pourra autoriser sa femme pour tous les actes qu'il pourrait faire lui-même. Il n'y a que pour les actes que le mari mineur ne pourrait pas accomplir lui-même que l'autorisation du juge sera nécessaire.

Si le mari est majeur et la femme mineure, cette dernière étant émancipée par le mariage, le mari sera-t-il le curateur légal de sa femme, et par conséquent pourra-t-il l'autoriser à intenter une action immobilière ? Nous croyons, avec la majorité des auteurs et la jurisprudence, que le mari est le curateur légal de sa femme et peut valablement l'assister dans une telle instance. (Arg. art. 506 et 2208 C. c.) (2).

Les deux époux sont mineurs. Pour intenter valablement une action en matière immobilière, la femme devra

(1) Cass., 6 décembre 1876. S. 1877, 1, 64.
(2) Cass., 4 février 1868. S. 1868, 1, 441.

obtenir l'autorisation de justice, et de plus être assistée de son curateur. Or, le mari mineur ne peut pas être curateur. La femme aura donc besoin d'un curateur. Sera-ce un curateur permanent ou un curateur *ad hoc?* Nous pensons qu'un curateur *ad hoc* suffit. Et même, en l'absence de texte, il faut de préférence s'arrêter à cette dernière solution, qui est plus compatible qu'aucune autre avec les pouvoirs du mari.

Le mari doit avoir la capacité d'autoriser sa femme, sinon l'autorisation ne serait pas valable pour habiliter la femme. Ainsi, le mari qui a été condamné à une peine afflictive ou infamante ne peut, pendant la durée de sa peine, autoriser sa femme à ester en jugement. (Art. 221 C. c.) Il faut entendre ces mots « pendant la durée de la peine », de l'article 221, comme synonymes de « pendant la durée de la peine principale dont il a été frappé ».

La dégradation civique n'étant dans certains cas qu'une peine accessoire, le mari peut, malgré cette peine, autoriser sa femme. Mais si la dégradation civique était prononcée comme peine principale, la femme devrait se faire autoriser par justice. (Art. 34 C. p.) — Le bannissement est au contraire toujours une peine principale, et le banni est privé du droit d'autoriser sa femme.

Le contumax ne peut autoriser sa femme pendant la durée de sa peine, c'est-à-dire pendant tout le temps nécessaire pour la prescription de sa peine, temps pendant lequel le condamné est menacé.

Au contraire, le failli conserve le droit d'autoriser sa femme, la faillite ne pouvant pas être considérée comme l'équivalent d'une peine afflictive ou infamante.

Forme de l'autorisation maritale. — Notre ancien droit distinguait entre les actes judiciaires et les actes extra-judiciaires, relativement à la forme que doit revêtir l'autorisation maritale. Pour les premiers il se contentait d'une autorisation tacite, tandis qu'au contraire il exigeait une autorisation expresse pour les seconds. Aujourd'hui, pour les actes extrajudiciaires comme pour les actes judiciaires, l'autorisation exigée n'a rien de solennel : il suffit qu'il y ait eu de la part du mari une manifestation de son consentement (1).

La conséquence c'est que l'autorisation d'ester en justice peut résulter de toute manifestation de volonté de la part du mari, si elle se produit d'une façon non équivoque. Il n'est pas nécessaire que l'autorisation soit constatée formellement dans le jugement ou l'arrêt ; il suffira que le concours du mari et sa volonté d'autoriser sa femme soient démontrés par les pièces de la procédure.

Forme de l'autorisation de justice. — La forme de cette autorisation nous est indiquée par les articles 861 et suivants du code de procédure civile.

La justice ne donne à la femme l'autorisation d'ester en jugement qu'au cas de refus du mari, et seulement si ce refus est injuste. Il faut donc que le mari puisse exposer les motifs de son refus. Dans ce but la loi prescrit à la femme d'adresser une sommation à son mari, et s'il persiste, de présenter une requête au président du tribunal, qui par une ordonnance lui permet de citer son

(1) Aubry et Rau, t. V, p. 150. — Demolombe, t. IV, n° 190. — Cass., 22 février 1893. S. 1893, 1, 182.

mari en chambre du conseil, afin que celui-ci s'explique sur les motifs de son refus. Et ce n'est qu'autant que l'opposition du mari n'est pas justifiée, que la justice, par un jugement rendu en audience publique, autorisera la femme à plaider. (Art. 861, C. pr. c.)(1).

Telle est la formalité indispensable à la femme mariée pour avoir la capacité de plaider.

Spécialité de l'autorisation. — Pour être valable l'autorisation doit être spéciale. L'autorisation qui, à l'occasion d'un procès, a été donnée à la femme pour toutes les affaires qu'elle pourrait avoir, est générale, et elle est nulle pour les affaires futures, bien qu'il faille la considérer comme valable pour le procès en vue duquel elle a été donnée.

Il en est ainsi que cette autorisation générale ait été donnée à la femme par justice ou par son mari.

La loi prohibe l'autorisation générale parce qu'elle équivaudrait à une abdication de la puissance maritale qui est d'ordre public (art. 1388 C. c.). Mais quand il est évident que l'autorisation de plaider a été donnée à la femme par son mari, pour ester en justice relativement à une affaire déterminée, il ne faut pas hésiter, malgré le principe de la spécialité de l'autorisation maritale, à lui reconnaître capacité pour continuer toute la procédure qui ne sera qu'un accessoire et une dépendance nécessaire de l'action primitivement engagée.

De même l'autorisation donnée par justice à une femme de former une demande en séparation de biens contre son

(1) Aubry et Rau, t. V, p. 145.

mari, comporte celle de poursuivre par toutes les voies de droit l'exécution du jugement qu'elle pourrait obtenir. Ainsi elle pourra, sans nouvelle autorisation, exercer une action ayant pour but d'obtenir la délivrance des objets qui lui sont échus, à la suite d'un partage judiciaire qu'elle a été autorisée à provoquer (1), ou poursuivre la vente sur folle enchère après une licitation qu'elle a été autorisée à demander (2). Ce ne sont là, en effet, que des accessoires, des conséquences, des actions qu'elle avait été primitivement autorisée à exercer, et la spécialité de l'autorisation n'empêche pas de continuer à agir pour tout ce qui n'en est qu'une suite nécessaire.

La femme n'aurait besoin d'une nouvelle autorisation, dans ces cas, que si l'autorisation avait été expressément limitée à l'instance engagée tout d'abord.

Effets de l'autorisation. — A l'égard de la femme, l'effet de l'autorisation est de la rendre capable d'ester en justice.

L'effet de l'autorisation, dit Pothier, est de rendre la femme aussi capable de l'acte pour lequel elle est autorisée, qu'elle le serait si elle n'était pas mariée (3).

La femme qui est autorisée, et dont la capacité n'a pas été restreinte par son contrat de mariage, peut donc plaider valablement, et elle ne pourra attaquer les décisions rendues contre elle, que par les moyens qu'elle pourrait faire valoir si elle n'était pas mariée (4).

(1) Poitiers, 28 février 1834. Sirey, 1834, 2, 167.
(2) Cass., 20 juillet 1835. Sirey, 1835, 1, 610.
(3) Pothier, *Puissance du mari*, n° 76.
(4) Aubry et Rau, t. V, § 472, 6°, p. 159.

L'autorisation que le mari a donnée à sa femme de plaider ne produit pas en principe d'effet contre lui, et le mari qui s'est borné à donner son autorisation ne devient point partie dans le procès. Et il en est de même, à plus forte raison, de l'autorisation accordée par justice.

Ce principe qu'on exprime assez générale.nement par cette maxime *qui auctor est non se obligat*, reçoit cependant des modifications à l'égard du mari suivant le régime matrimonial sous lequel sont mariés les époux.

Sous le régime de séparation de biens, le mari, ne profitant pas des avantages, n'est pas tenu des charges et des dépens résultant des procès que la femme a pu soutenir. La même solution doit être admise en ce qui concerne l'autorisation donnée par le mari à sa femme dotale, relativement à ses biens paraphernaux.

Sous le régime de la communauté, soit légale, soit conventionnelle, au contraire, le mari est tenu personnellement des obligations dérivant des actions intentées ou soutenues par la femme avec son autorisation, à moins que ces actions n'aient été intentées ou soutenues à propos des propres immobiliers de celle-ci (1). Toutefois, même dans ce dernier cas, le mari est tenu de souffrir le préjudice que lui cause l'exécution du jugement sur les propres de sa femme dont il a la jouissance.

Cette solution a été contestée, et on a dit que dans tous les cas, le mari commun en biens, qui avait autorisé sa femme, était tenu personnellement des engagements contractés par elle avec son autorisation, quand bien

(1) Aubry et Rau, t. V, p. 160 et 339.

même ces engagements seraient relatifs à ses propres immobiliers. Cette opinion se fonde sur la règle générale qui se dégage des articles 1409, 1419 et 1416, et qui permet aux tiers de poursuivre l'exécution des engagements de la femme, même sur les biens du mari et de la communauté.

Il est vrai que ces articles 1409, 1419 et 1416, posent une règle en notre matière, mais il y a des exceptions à cette règle. Il y en a une première dans l'article 1413, exception basée sur ce que l'acte n'intéresse que la femme, et sur ce que le mari n'a pas été en rapport avec les tiers. Et il faut admettre que cet article 1413 n'est là qu'à titre d'indication, et qu'il y a d'autres cas dans lesquels le mari n'est pas engagé par l'autorisation qu'il donne à sa femme, notamment quand il s'agit de plaider relativement aux propres de celle-ci. Les tiers auront pu, dans ce dernier cas, se trouver en rapport avec le mari, mais l'acte lui-même les avertissait qu'il ne s'agissait que des intérêts personnels de la femme. Il faut donc admettre que l'autorisation donnée par le mari ne l'engage pas, d'autant plus qu'il est forcé, la plupart du temps, d'accorder cette autorisation, sinon elle serait accordée par justice.

Enfin sous tout autre régime que celui de la séparation de biens et celui de la communauté, le procès étant soutenu par la femme, le mari est obligé de souffrir l'exécution des jugements rendus contre celle-ci, même en ce que cette exécution aurait de contraire ou de préjudiciable à ses intérêts, relativement à la jouissance qu'il peut avoir des biens de la femme. C'est qu'en donnant son autorisation sans aucune réserve, le mari fait présumer, de sa part, l'abandon de sa jouissance sur les biens, objet du procès, et qu'il se trouve, quant à cette jouissance, intéressé dans le procès soutenu par sa femme avec son autorisation (1).

Si au refus du mari l'autorisation a été donnée par justice, il ne saurait non plus en résulter aucun préjudice contre le mari. Et les condamnations que la femme ainsi autorisée à plaider pourrait encourir, ne seront exécutoires que sur la nue propriété de ses biens personnels si elle est commune, ou si le mari a la jouissance de ses biens.

Effets du défaut d'autorisation. — Les décisions rendues contre la femme non autorisée sont nulles en principe. Mais cette nullité n'est que relative et ne peut être invoquée que par la femme, le mari, ou leurs héritiers, ayants cause et créanciers, mais non par les tiers qui ont contracté avec la femme (art. 225 et 1125 C. c.). Les co-intéressés de la femme ne pourraient pas invoquer cette nullité, même lorsque la matière est indivisible (2).

Les tiers ne peuvent pas attaquer les jugements rendus entre eux et une femme mariée, par ce motif qu'elle n'a pas été autorisée; mais lorsqu'ils sont assignés par une femme mariée non autorisée, ils peuvent à leur choix, ou bien appeler le mari en cause, ou opposer à celle-ci une fin de non-procéder, jusqu'à ce qu'elle ait obtenu une autorisation de son mari ou de justice (3).

(1) Demolombe, t. IV, n° 311.
(2) Cass., 3 juin 1850. S. 1851, 1, 331.
(3) Aubry et Rau, t. V, p. 165.

Les tiers devront d'autant plus prendre leurs précautions, que la femme peut se prévaloir du défaut d'autorisation, par cela seul qu'elle n'a pas été protégée comme le veut la loi. Elle peut demander cette nullité, indépendamment de toute lésion, par voie d'appel ou de pourvoi en cassation ; et le défaut d'autorisation pour ester en justice étant d'ordre public, peut être proposé pour la première fois devant la Cour de cassation (1).

L'action en nullité que le mari peut exercer à l'égard des décisions rendues contre sa femme non autorisée a un double fondement : un fondement moral basé sur son autorité méconnue, et un fondement pécuniaire basé sur le préjudice que peut lui avoir causé sa femme, en agissant sans son autorisation.

L'article 225 du code civil parle d'une nullité fondée sur le défaut d'autorisation. Mais en vertu du principe « voies de nullité n'ont lieu en France contre les jugements », les jugements et arrêts rendus contre la femme ne pourront être attaqués que par les voies de recours autorisées contre les décisions judiciaires. Ils ne pourront donc qu'être l'objet d'opposition, d'appel ou de pourvoi en cassation, suivant les cas, par le mari, par la femme, et par leurs héritiers, créanciers ou ayants cause, de tierce opposition par le mari ou ses héritiers (2).

Après l'expiration des délais ordinaires de recours, les jugements rendus, même contre une femme non autorisée, deviennent inattaquables.

(1) Cass., 29 janvier 1879. *J. du P.*, 1879, 627.
(2) Demolombe, t. IV, nos 354, 356. — Aubry et Rau, t. V, p. 163 et 164.

Révocation de l'autorisation maritale. — Le mari peut révoquer l'autorisation qu'il a donnée à sa femme. L'autorisation maritale étant un consentement, on conçoit très bien que de nouveaux motifs amènent le mari à retirer l'autorisation qu'il avait accordée.

La conséquence de la révocation de l'autorisation maritale, c'est que la femme devient de nouveau incapable de plaider. Mais comme cette révocation pourrait être arbitraire de la part du mari, la femme a la faculté de se pourvoir devant les tribunaux qui pourront déclarer la révocation du mari sans effet (1).

Révocation de l'autorisation de justice. — Si c'est la justice qui autorise la femme au refus du mari, il est évident pour nous que celui-ci ne peut pas révoquer l'autorisation ainsi donnée, il ne peut que faire opposition au jugement qui a autorisé sa femme, ou en interjeter appel (2).

Toutefois, si l'autorisation de justice n'avait été donnée qu'à raison de l'interdiction ou de l'absence du mari, il faudrait lui permettre de la révoquer par un simple acte extra-judiciaire, parce qu'alors la justice n'a fait que remplacer le mari, sauf à la femme à solliciter de nouveau l'autorisation de justice si la révocation est injuste.

M. Demolombe prétend que dans les deux cas le mari devrait faire rétracter le jugement ayant autorisé la femme d'après les formes indiquées par les articles 861 et suivants du code de procédure civile (3). Mais nous ne pou-

(1) Demolombe, t. IV, n° 322.
(2) Aubry et Rau, t. V, p. 158 et 159.
(3) Demolombe, t. IV, n° 325.

7

vous adopter cette opinion, qui est contraire au mode habituel de rétractation des jugements.

§ 2. — Représentation de la femme mariée.

Nous avons vu que la femme mariée ne peut ester en jugement sans l'autorisation de son mari ou de justice, mais cette autorisation ne lui suffit pas toujours pour plaider, il faut en outre qu'elle soit capable de figurer elle-même en justice.

Or il arrive qu'à cet égard, la capacité de la femme mariée se trouve presque toujours restreinte.

Sous le régime de communauté, le mari exerce seul toutes les actions concernant la communauté. Quant aux actions concernant les propres de la femme, le mari peut exercer seul les actions mobilières et les actions immobilières possessoires. C'est la femme qui exerce ses actions immobilières pétitoires avec l'autorisation de son mari.

Toutefois, le mari peut exercer les actions pétitoires immobilières relatives aux propres de la femme, à raison de l'usufruit qui appartient à la communauté.

Sous le régime dotal c'est le mari qui exerce les actions mobilières et immobilières de la femme : il la représente complètement.

Il n'y a que sous le régime de la séparation de biens que la femme soit capable d'ester en justice sans être représentée ou assistée, avec la seule autorisation de son mari ou de justice.

Nous allons examiner dans quelles conditions peuvent être exercées les actions concernant les biens de la femme sous les différents régimes matrimoniaux.

I. *Actions en justice sous le régime de communauté.*

Pothier a défini la communauté : « une espèce de société de biens qu'un homme et une femme contractent lorsqu'ils se marient. »

1° *Actions de la communauté.* — Il semblerait, d'après cette définition, que la femme devrait avoir autant de droits que le mari dans la communauté, et qu'au même titre que lui elle devrait pouvoir figurer dans les actes concernant l'administration de la communauté. Il n'en est rien cependant, et l'article 1421 du code civil nous dit, à ce sujet, que le mari administre seul les biens de la communauté.

La conséquence de ce droit d'administration que l'article 421 accorde au mari, c'est qu'il représente seul la communauté dans les instances (1).

Il la représente seul, aussi bien dans les actions immobilières que dans les actions mobilières, sans jamais avoir besoin du concours de la femme.

Ainsi le mari exerce seul les actions concernant les biens ou les dettes tombés dans la communauté, même du chef de la femme. Il a qualité pour notifier seul une surenchère, lorsque la créance dont il poursuit le recouvrement fait partie de la communauté.

Le mari commun en biens est recevable à exercer conformément à la loi du 24 juillet 1867 (art. 41) une action en responsabilité contre les fondateurs d'une société dont sa femme est actionnaire ou obligataire (2).

(1) Aubry et Rau, t. V, p. 334. — Guillouard, t. II, n° 754.
(2) Paris, 14 novembre 1880. S. 1882, 2, 17.

Au contraire, la femme est non recevable à intervenir dans une instance, en vue de faire déclarer la nullité d'une société qu'elle a contractée sans autorisation, et d'obtenir la restitution des valeurs de communauté remises à la société (1).

Dans ces deux espèces il s'agit, en effet, d'actions mobilières qui concernent des droits mobiliers tombés en communauté, or le mari seul peut exercer ces actions sous ce régime.

En exerçant les actions concernant les biens communs, le mari représente la communauté, et par conséquent la femme pour sa part éventuelle dans la communauté. Mais celle-ci, lors de la dissolution de la société conjugale, n'est censée avoir été partie, ou représentée, dans les instances engagées par le mari, qu'autant qu'elle a accepté la communauté. Il serait injuste, en effet, d'imposer à la femme les résultats d'une administration à laquelle elle a été complètement étrangère.

Il faut pousser encore plus loin l'application de ce principe de la représentation de la femme par le mari, en ce qui concerne les droits et actions de la communauté, et décider qu'il la représentera même s'il se trouvait interné dans un établissement d'aliénés, sans être interdit, en vertu de la loi du 30 juin 1838. Dans ce cas le mari ne pouvant agir lui-même serait représenté par un mandataire *ad litem* conformément à l'article 33 de la loi de 1838. Et les jugements rendus en faveur de ce mandataire *ad litem* du mari ou contre lui, auraient force de chose jugée à l'égard

(1) Cass., 15 avril 1874. *J. du P.*, 1875, 846.

de la femme qui ne serait pas admise à y former tierce opposition, car elle aurait été régulièrement représentée par le mandataire *ad litem* agissant au nom de son mari.

Cette dernière solution est peut-être difficile à justifier, mais elle découle des principes. La femme ne peut se soustraire à cette conséquence qu'en provoquant l'interdiction de son mari.

2° *Actions de la femme*. — Sous le régime de la communauté, il faut distinguer pour l'exercice des actions de la femme entre les actions mobilières et les actions immobilières.

Le mari peut exercer seul comme demandeur les actions mobilières qui appartiennent à sa femme (art. 1428, al. 2). Il la représente dans les instances qui intéressent ses propres mobiliers. Ainsi, l'action en dommages-intérêts, à raison d'un délit dont la femme est victime, est une action mobilière, et la créance née du délit tombe dans la communauté. Par suite, le mari a qualité pour poursuivre seul, au nom de la femme, la réparation de ce délit (1). Et ce qui est jugé à cet égard pour ou contre le mari, l'est en vertu du principe de la représentation pour ou contre la femme, comme si elle avait figuré au procès, de sorte qu'elle n'a pas le droit d'attaquer la décision rendue par voie de tierce opposition (2).

Mais la femme pourrait-elle attaquer le jugement, auquel elle a été représentée par son mari, par voie de tierce opposition, en cas de collusion du mari et de la partie

(1) Rennes, 22 novembre 1865. *J. du P.*, 1866, 228 et 891.
(2) Aubry et Rau, t. V, p. 314 texte et note 11.

contre laquelle l'instance a été soutenue? On l'a nié, car, a-t-on dit, la femme, ayant été représentée par le mari, a été partie au procès, et, par conséquent, elle ne peut user de la tierce opposition. Elle pourra seulement, lors de la dissolution de la communauté, demander au mari réparation du préjudice qu'il lui a causé par sa fraude, en exerçant contre lui une action en dommages-intérêts (1).

Cette opinion nous paraît inexacte et nous préférons dire qu'en cas de collusion entre le mari et l'adversaire de la femme, celle-ci n'a pas été représentée, du moment que son mandataire a agi en fraude de ses droits. Aussi permettons-nous à la femme d'user de la tierce opposition (2).

En ce qui concerne les actions immobilières, il faut distinguer entre les actions possessoires et les actions pétitoires.

Le mari représente la femme dans l'exercice des actions immobilières possessoires. Il les exerce comme administrateur des immeubles propres de la femme.

Mais si le mari exerce seul les actions mobilières et les actions possessoires, c'est sous réserve du droit, pour la femme, d'intervenir avec l'autorisation de son mari ou de justice, et même de se faire autoriser par justice à agir elle-même si le mari néglige de le faire (3). Car la disposition de l'article 1428, al. 2, n'a point pour effet d'interdire à la femme commune en biens d'exercer elle-même ses actions

(1) Guillouard, t. II, n° 818.
(2) Aubry et Rau, t. V, p. 344.
(3) Marcadé sous l'art. 1428, n° 1 ; Baudry-Lacantinerie, t. III, n° 130.

mobilières avec l'autorisation de son mari ou de justice. Le seul but de cet article, en donnant au mari le droit d'exercer seul les actions mobilières et possessoires de sa femme, c'est de lui faciliter l'administration des biens de celle-ci, mais il n'a point entendu retirer à la femme dûment autorisée le droit d'exercer elle-même ses actions.

Quant aux actions immobilières pétitoires de la femme, c'est-à-dire celles relatives à la propriété de ses biens immobiliers qui ne tombent pas en communauté, le mari n'a pas qualité pour les exercer au nom de la femme (1).

Si le mari agissait au nom de la femme dans une instance de cette nature, la procédure serait irrégulière, parce que le mari n'est pas, dans ce cas, le représentant légal de la femme ; c'est la femme qui doit agir elle-même avec l'autorisation de son mari.

Mais comme la nullité résultant de ce défaut de qualité du mari n'est que relative, elle peut être effacée par la ratification ultérieure de la femme, alors même que cette ratification n'interviendrait qu'en appel. Toutefois si cette nullité n'a pas été soulevée devant les juges du fond, elle ne pourrait pas être proposée pour la première fois devant la Cour de cassation (2).

Conformément à ces principes, il faut reconnaître à la femme commune le droit d'intenter l'action en révocation, pour inexécution des charges, de la donation qu'elle a faite d'un immeuble propre, car c'est là une action immobilière qu'elle peut intenter avec l'autorisation de son mari. Il

(1) Aubry et Rau, t. V, p. 335.
(2) Cass., 24 août 1825. J. du P., 1825, 828.

faudrait en décider ainsi, quand bien même l'immeuble donné serait sorti de la communauté. Il est vrai que dans ce second cas l'immeuble rentrerait dans la communauté, et non dans le patrimoine de la femme, ce qui prouverait bien qu'il y a là une action de la communauté, et non une action appartenant à la femme. Néanmoins il ne faut pas s'inquiéter du résultat de l'action, mais de son principe. Il s'agit d'une donation faite par la femme, donc le droit de révocation de cette donation appartient à la femme. Il faut surtout considérer la situation au moment même où l'action est intentée. Or, quand le bien est réclamé, il l'est non pas comme un bien de la communauté, mais comme un bien que la femme a donné valablement, et qu'elle entend enlever au donataire, pour le punir de l'inexécution des charges qu'elle avait imposées. Ce n'est pas au nom de la communauté, mais au nom de la femme, que la révocation est demandée. On ne peut donc pas lui refuser le droit d'exercer elle-même cette action (1).

Si, en principe, la femme exerce elle-même les actions immobilières concernant ses propres, cependant le mari, en sa qualité de chef de la communauté à laquelle appartient l'usufruit des propres de la femme, peut à ce titre, et pour l'usufruit seulement, exercer même les actions pétitoires. Mais cette exception doit être interprétée restrictivement. Le mari ne peut exercer ces actions que pour ce qui concerne l'usufruit, et les décisions rendues à l'encontre du mari, chef de la communauté, n'ont pas l'autorité de la chose jugée à l'égard de la femme considérée comme pro-

(1) Poitiers, 16 février 1885. D. P. 1886, 2, 38.

priétaire. Enfin le mari ne peut exercer ces actions pétitoires immobilières, que pour la part de droits à laquelle
peut prétendre la communauté; pour l'autre part, la femme
reste propriétaire, et c'est à elle qu'appartient l'exercice
des actions (1).

Sous le régime de la communauté, le mari peut provoquer seul le partage des successions purement mobilières,
puisqu'elles tombent dans la communauté. (Art. 1401 et
818 C. c.)

S'il s'agit, au contraire, d'une succession immobilière qui
doit revenir à la femme et lui demeurer propre, le mari ne
peut pas en provoquer le partage. Il ne peut pas le provoquer, non pas à cause de l'article 1428 qui ne lui donne
pas l'exercice des actions immobilières de la femme, mais
à cause de l'article 818 qui s'y oppose formellement.

D'après les termes de cet article, il semble que c'est le
mari qui peut demander le partage. En réalité, c'est la
femme autorisée du mari qui exerce elle-même l'action en
partage. L'action en partage est donc assimilée à l'action
immobilière, quant à son exercice, et c'est la femme qui,
en principe, a qualité pour l'intenter avec l'autorisation
de son mari ou de justice.

Mais le mari, comme chef de la communauté qui a la
jouissance des biens de la femme, pourrait demander seul
un partage provisionnel, car c'est là un acte d'administration qui rentre dans ses pouvoirs.

II. *Actions en justice sous le régime dotal.*

Sous le régime de la communauté, ni l'article 1428, ni

(1) Aubry et Rau, t. V, p. 334.

aucun autre texte ne dépouillent la femme du droit d'exercer ses actions.

Sous le régime dotal il en est autrement, et l'article 1549
dispose que le mari a seul le droit de poursuivre les débiteurs et détenteurs des biens dotaux.

Ces expressions de l'article 1549 embrassent les actions
mobilières, et les actions immobilières aussi bien pétitoires
que possessoires.

Sous ce régime, le mari exerce toutes les actions de la
femme, il est son représentant légal.

Il a le droit d'exercer toutes les actions relatives à la
jouissance de la dot, par exemple l'action en paiement de
la dot contre ceux qui l'ont constituée, ou qui en sont
débiteurs à quelque titre que ce soit (1).

L'unique but de la loi, en investissant le mari seul
du droit de poursuite, a été de lui procurer une plus
libre administration de la dot. Et le mari ayant seul
le droit d'exercer les actions mobilières et immobilières,
il en résulte que ce droit n'appartient pas à la femme qui
ne saurait, même en alléguant la négligence du mari, se
faire autoriser par justice à agir. Pour recouvrer à cet
égard le droit d'agir, la femme n'a d'autre ressource que
de faire prononcer sa séparation de biens.

Mais la femme, incapable en droit d'exercer seule ses
actions dotales, pourrait-elle les exercer lorsqu'elle y aura
été autorisée par son mari? Nous croyons qu'elle le
pourrait. Elle puiserait ce droit dans l'autorisation du
mari, cette autorisation équivalant à un mandat que ce

(1) Tessier, t. II, p. 124.

dernier a toujours le pouvoir de donner à sa femme.

L'opinion que nous adoptons est vivement combattue par nombre d'arrêts et d'auteurs qui poussent la rigueur du principe de l'article 1549 jusqu'à dire que les poursuites dirigées contre les débiteurs et détenteurs de biens dotaux sont nulles si, au lieu d'être engagées au nom du mari, elles le sont au nom de la femme autorisée par son mari (1).

Néanmoins nous croyons, avec MM. Rodière et Pont, que c'est tomber dans l'exagération que d'interpréter aussi rigoureusement l'article 1549. Le législateur, en donnant au mari seul le droit de poursuivre les débiteurs et les détenteurs des biens dotaux, a voulu procurer au mari la libre administration de la dot, et l'affranchir, en ce point, des volontés ou des caprices de la femme. Or le vœu du législateur est rempli, alors même que la femme agit, si elle n'agit qu'avec l'autorisation de son mari. Le jugement à intervenir, en effet, aura, vis-à-vis du mari, tout autant de force que si le mari lui-même eût intenté l'action, puisqu'en autorisant sa femme, il figure virtuellement dans l'instance. Le mari sera donc passible personnellement des dépens, et dès lors, les tiers n'auront aucun motif pour quereller l'action ainsi exercée (2).

Cette dérogation au principe de l'article 1549 nous semble d'autant plus admissible, que l'incapacité de plaider de la femme, sous le régime dotal, n'a pour but, comme nous le disons plus haut, que de faciliter l'administra-

(1) Grenoble, 28 juillet 1865. S. 66, 2, 139. — Aubry et Rau, t. V, § 535, p. 547 texte et note 9. — Marcadé, sur l'art. 1549, n° 2.
(2) Rodière et Pont, *Contrat de mariage*, t. III, n° 1758.

tion du mari, puisque la femme peut plaider en matière mobilière et en matière immobilière au sujet des actions concernant ses biens paraphernaux.

Mais, en règle générale, c'est le mari seul qui exerce toutes les actions dotales.

Ainsi sous le régime dotal le mari a le droit de former seul, sans le concours de la femme, une surenchère sur les biens affectés à une créance dotale, et de comparaître, au nom de la femme, dans un ordre pour consentir au règlement amiable, lorsque aucune difficulté ne s'élève sur le rang attribué à la femme.

Le mari a encore qualité pour poursuivre, en son nom personnel, l'annulation d'une obligation hypothécaire contractée par la femme et grevant un immeuble dotal.

La femme, bien que représentée par son mari dans toutes les actions la concernant sous le régime dotal, pourrait cependant attaquer, par la tierce opposition, les jugements rendus à la suite d'une entente frauduleuse entre les tiers et son mari, car elle n'a pas été représentée du moment que son mandataire a agi en fraude de ses droits.

Ce droit conféré au mari, sous le régime dotal, d'exercer seul les actions de la femme, est-il absolu? s'étend-il même à l'action en partage?

Suivant certains auteurs, le mari puiserait le droit d'exercer l'action en partage dans les termes généraux de l'article 1549. Quant à l'article 818, qui exige le concours de la femme pour provoquer le partage des objets qui ne tombent pas en communauté, on prétend qu'il est inapplicable au régime dotal, auquel le législateur ne songeait pas au moment de la discussion de cet article, et qui même n'était point encore organisé (1).

Nous croyons cependant que l'action en partage est une action spéciale, à laquelle s'applique l'article 818, même sous le régime dotal. Il y a les mêmes motifs d'exiger le concours de la femme au partage sous le régime dotal que sous le régime de la communauté. Il y a le même danger de collusion ou de spéculation, de la part du mari, quand il s'agit des biens dotaux, que quand il s'agit des propres de la femme. Dans les deux cas, le mari peut exclure, de la part héréditaire de la femme, tel immeuble ou telle valeur qu'il serait de l'intérêt de celle-ci de conserver. Il faut donc décider que l'action en partage, quand bien même elle aurait pour but le recouvrement de la dot, échappe à l'application de l'article 1549 (2). Le mari a besoin du concours de la femme pour l'exercer, car jusqu'au partage, les droits des copartageants restant indéterminés, il n'y a rien de dotal, il n'y a qu'une expectative. Le mari ne peut provoquer le partage qu'en son nom et en celui de sa femme. Mais comme c'est à la femme que la succession est échue, c'est elle qui, en somme, exerce l'action avec l'autorisation de son mari. Toutefois, le mari pouvant, aux termes de l'article 818 du code civil, demander un partage provisionnel, s'il a le droit de jouir des biens composant la succession, il faut décider que le mari, ayant sous le régime dotal la jouissance des biens dotaux, peut faire un partage provisionnel. Mais le mari

(1) Laurent, t. XXIII, n° 476.
(2) Aubry et Rau, § 535, note 13, tome V, p. 547 et 548.

ne pourrait pas provoquer seul un partage de propriété.

En somme, l'action en partage a été mise à part par le législateur. Il n'y a là rien qui doive surprendre, car elle a un caractère spécial : tandis qu'une action ordinaire ne tend qu'à constater un droit, l'action en partage aboutit au contraire à la transformation du droit (1).

III. — *Actions en justice sous le régime de la séparation de biens.*

L'article 1449 relatif à la capacité de la femme séparée de biens s'exprime en ces termes : « La femme séparée soit de corps et de biens, soit de biens seulement, en reprend la libre administration. »

Cet article permet à la femme séparée de biens d'administrer ses biens, et par conséquent d'ester en justice relativement à ces biens, mais il ne la dispense pas d'autorisation.

L'article 1449 ne fait que rendre à la femme l'exercice des actions qui appartiennent au mari sous les autres régimes.

La femme séparée de biens, et dûment autorisée, peut donc agir en justice quelle que soit la nature des actions qu'elle veut intenter, mobilières ou immobilières. Elle agit toujours seule et n'est jamais représentée.

Il en était de même de la femme séparée de corps. Mais depuis la loi du 6 février 1893, la femme séparée de corps

(1) Voir la note 2 de la page précédente.

a une plus grande capacité que la femme séparée de biens, puisqu'elle n'a même plus besoin de l'autorisation du mari ou de justice. C'est-à-dire que la femme séparée de corps redevient aujourd'hui complètement capable, comme la fille majeure ou la veuve.

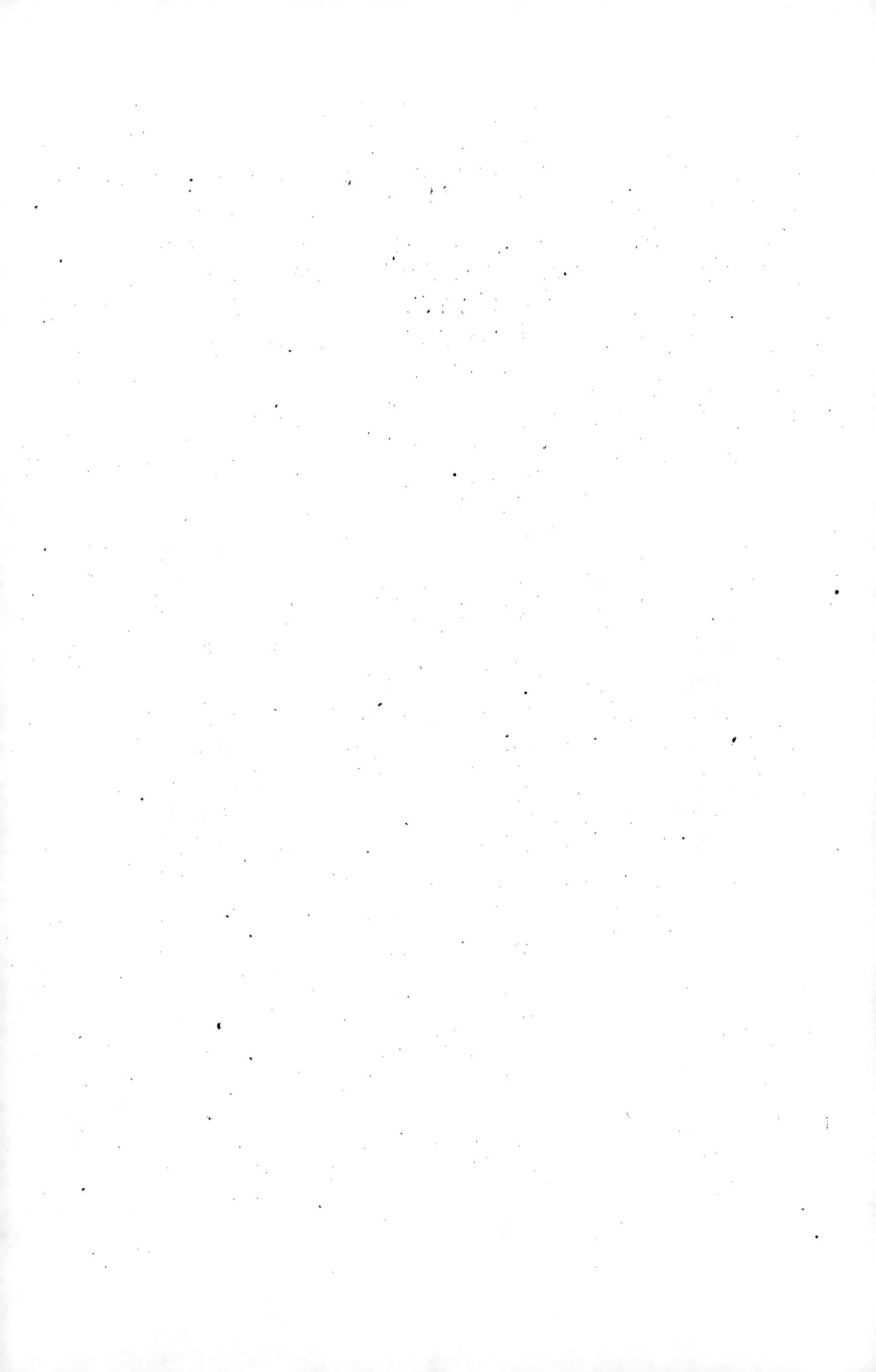

DEUXIÈME PARTIE

DÉFENSE

La défense c'est la réponse à la demande; elle comprend les divers moyens que le défendeur oppose au demandeur.

En général, les conditions de recevabilité sont les mêmes pour la défense que pour la demande. La capacité exigée chez le demandeur l'est également chez le défendeur, et ce n'est que par exception qu'il existe des différences entre la capacité exigée pour l'introduction d'une action et celle nécessaire pour la défense à cette même action, ainsi que nous le montrera la suite de cette étude.

CHAPITRE PREMIER

MINEURS NON ÉMANCIPÉS

Le tuteur peut défendre seul, et sous sa responsabilité personnelle, à toutes les actions intentées contre le mineur.

A cet égard, les pouvoirs du tuteur sont plus étendus que pour introduire une action. Nous avons vu, en effet, que le tuteur avait besoin de l'autorisation du conseil de famille pour introduire une action relative à l'état du mineur, ou à ses droits immobiliers, ou pour provoquer un partage.

S'il s'agit, au contraire, de défendre à une action quelle qu'elle soit, le tuteur représente le mineur, sans avoir besoin d'autorisation.

L'article 465 du code civil nous le dit expressément en ce qui concerne l'action en partage. La même solution est évidemment applicable aux actions immobilières et aux actions concernant l'état du mineur.

Quel est le motif de cette différence entre la demande et la défense ?

Le seul qui nous semble plausible, c'est que le législateur a considéré la défense comme de droit naturel, et a voulu l'affranchir de toutes les formalités qui auraient pu l'entraver.

Il est évident que le législateur s'est montré plus facile, en matière de tutelle, quand il s'agit de la défense à une action, que quand il s'agit de la demande. (Arg. art. 465.) Le tuteur n'ayant pas besoin d'autorisation pour intenter les actions mobilières, à plus forte raison devons-nous alors lui permettre d'y défendre seul.

Il faut en dire autant des actions possessoires qui sont assimilées aux actions mobilières, à raison de leur caractère conservatoire.

Pour les actions immobilières, il résulte *a contrario* de l'article 464, et par analogie de ce que décide l'article 465 au sujet de la défense aux demandes en partage, que le tuteur peut y défendre sans autorisation.

Ces solutions nous semblent d'autant plus certaines, que le principe qui établit les pouvoirs du tuteur en matière de représentation en justice est posé par l'article 450. Or ce principe c'est le pouvoir de représenter le mineur dans tous les actes civils. L'article 464 restreint les pouvoirs du tuteur quand il s'agit d'introduire une action immobilière, mais il est muet en ce qui concerne la défense à ces actions. La conclusion logique est donc que le tuteur a qualité pour y défendre seul (1).

La décision de l'article 465, relative à la défense à une demande en partage, s'applique non seulement au partage d'une succession, mais aussi au partage d'une communauté, ou d'une société.

(1) Nîmes, 2 juillet 1829. S. 1830, 2, 31.

Si, au lieu d'un seul mineur, il y en a plusieurs, le tuteur peut les représenter tous dans le cas où ils ont le même intérêt.

Cependant il peut se faire que les mineurs aient des intérêts opposés, alors il doit leur être donné à chacun un tuteur spécial et particulier. (Art. 838 C. c.)

Quand un tuteur ne peut pas agir pour le mineur, à raison d'une opposition d'intérêts, nous avons vu que le subrogé tuteur doit agir pour ce mineur. Le cas prévu par l'article 838 est tout différent de cette dernière hypothèse. L'article 838 ne prescrit point de substituer le subrogé tuteur au tuteur empêché, mais bien de dédoubler la tutelle : laisser le tuteur et le subrogé tuteur dans leurs rapports respectifs, mais restreindre la mission du tuteur à la défense des intérêts d'un seul mineur, et donner un tuteur spécial à chacun des autres mineurs. On leur donne alors un tuteur *ad hoc* qui aura, à l'égard du mineur dont il est chargé de défendre les intérêts, exactement les mêmes pouvoirs que le tuteur lui-même.

Les jugements obtenus contre les mineurs ainsi représentés doivent être signifiés à leur tuteur *ad hoc* et au subrogé tuteur, pour que les délais d'appel puissent courir. (Art. 444 C. pr. c.)

En principe, le tuteur peut défendre seul aux actions concernant l'état et la personne des mineurs (1). Mais à raison de la gravité de certaines actions, qui tendent à modifier l'état des mineurs d'une façon si grave, que leur

____

(1) Aubry et Rau, t. I, p. 462. — Demolombe, t. VII, n° 680. — Huc, t. III, n° 443.

capacité en sera diminuée s'ils succombent, il faut décider que ces actions doivent être dirigées à la fois contre les incapables et contre leur tuteur.

Ainsi la procédure de nomination de conseil judiciaire, comme celle d'interdiction, suppose nécessairement l'intervention de la personne qui en est l'objet (1). Ce n'est pas à dire que dans ce cas le représentant du mineur, son tuteur, doive rester étranger à l'instance ; sa présence y est au contraire nécessaire pour lui permettre de prendre l'attitude qu'il jugera la plus conforme aux intérêts de l'incapable. Mais la mise en cause du mineur est indispensable, et dans une semblable instance il ne suffirait pas que le mineur fût représenté. Il faut que l'instance soit dirigée à la fois contre le mineur et contre son tuteur (2).

(1) Il y a controverse sur le point de savoir si un mineur peut être interdit, ou pourvu d'un conseil judiciaire. Le projet de code civil contenait un article portant que « les mineurs émancipés pouvaient être interdits ». C'était rendre cette mesure de protection inapplicable aux mineurs non émancipés. Puis cette disposition fut supprimée, et nous n'avons aujourd'hui que l'article 489 pour trancher le débat. Nous croyons cependant qu'il ressort des discussions qui ont eu lieu lors de la confection de la loi, que l'article 489 *statuit de eo quod plerumque fit*, et qu'il s'applique non seulement aux majeurs, mais encore aux mineurs. Cette solution nous semble d'autant plus certaine que l'interdiction est le seul moyen d'arriver à la révocation de l'émancipation du mineur émancipé qui, malgré son aliénation mentale, n'a contracté aucun engagement excessif. Quant à la nécessité de l'interdiction pendant la minorité, elle se justifie par cette considération, qu'il peut y avoir intérêt à ne pas laisser un intervalle de capacité entre la majorité et la prononciation de l'interdiction.

La nomination d'un conseil judiciaire à un mineur se justifie par les mêmes considérations. (Art. 514.)

(2) Aubry et Rau, t. I, p. 431. — Demolombe, t. VII, n° 806. Paris,

La présence du mineur se comprend naturellement, car il s'agit de modifier en l'aggravant son état et sa capacité, et plus spécialement en ce qui concerne l'interdiction, il résulte de l'article 496 du code civil que celui contre lequel la demande en interdiction est formée doit être personnellement défendeur pour être interrogé.

Quant à la présence du tuteur, elle est aussi indispensable, parce qu'on ne comprendrait pas que le mineur fût privé de ses conseils et de sa protection dans une aussi grave circonstance.

Une action en désaveu peut être intentée contre un mineur; elle le sera contre un tuteur *ad hoc* chargé de représenter le mineur, et la mère devra être appelée en cause (art. 318 C. c.).

La présence de la mère sera une garantie sérieuse pour l'enfant dont on conteste l'état, car nul mieux que la mère n'est à même de fournir des renseignements utiles à la défense, et d'établir ses relations avec le mari à l'époque de la conception. Mais si la loi exige la nomination d'un tuteur *ad hoc* pour représenter l'enfant dans l'instance, c'est que la mère, placée sous la dépendance du mari, n'a pas paru avoir une liberté suffisante pour défendre les intérêts de l'enfant.

Il peut se faire que l'action en désaveu soit dirigée contre un mineur qui a un tuteur. Il faut néanmoins décider, tant l'article 318 est formel, qu'il faudra nommer à ce mineur un tuteur *ad hoc* pour le représenter. Le motif

31 janvier 1891. S. 1893, 2, 81. — *Contra*, Cass., 15 mars 1858. S. 58. 1, 653.

de cette décision se comprend d'ailleurs très bien : la loi
a eu en vue l'intérêt de l'enfant contre lequel est dirigée
l'action en désaveu, et elle a voulu qu'il lui fût choisi un
tuteur spécial, qui pût agir en toute liberté dans la défense des intérêts qui lui seraient confiés.

Ce tuteur doit-il être choisi par le conseil de famille ou
par le tribunal? La loi ne s'est pas expliquée à cet égard.
D'après certains auteurs, c'est au tribunal qu'appartient
cette nomination. Faire nommer ce tuteur par le conseil de
famille, dit-on, c'est confier aux adversaires de l'enfant le
soin de lui choisir un protecteur, car tous ses parents, soit
paternels, soit maternels, sont intéressés pécuniairement
au succès de l'action en désaveu qui, si elle réussit, exclura
complètement l'enfant de la succession paternelle, et ne lui
permettra plus de réclamer à la succession maternelle que
les droits accordés par la loi, soit à un enfant naturel, soit
à un enfant adultérin (1).

Malgré ce motif, qui du reste nous paraît inexact, car
presque toujours les parents maternels, loin de se laisser
guider par l'intérêt pécuniaire, prendront la défense de la
mère et de l'enfant, nous n'hésitons pas à dire que le tuteur *ad hoc*, dont parle l'article 318, doit être nommé par le
conseil de famille, conformément au droit commun établi
par les articles 406 et 407 du code civil. La loi n'ayant
établi, dans notre cas, aucune dérogation à la règle générale, nous ne croyons pas qu'on puisse s'en écarter, et il nous
semblerait arbitraire de permettre au tribunal de désigner
ce tuteur *ad hoc*. Bien plus, à défaut de texte prescrivant

(1) Demolombe, t. V, n° 166.

des formes particulières pour la nomination de ce tuteur
ad hoc, le conseil de famille est seul compétent pour le
nommer. Si bien que le tuteur *ad hoc* qui aurait été désigné par le tribunal, au lieu de l'être par le conseil de famille, pourrait se prévaloir de l'irrégularité de sa désignation, pour faire annuler une décision rendue contre le
mineur qu'il représentait (1).

Le tuteur dont il s'agit ici étant un tuteur spécial, un
tuteur *ad hoc* comme le dit l'article 318, il n'y a pas lieu
de nommer un subrogé tuteur comme dans une tutelle
ordinaire (2).

A part les défenses à une demande en interdiction et à
une demande en dation de conseil judiciaire, qui exigent
l'intervention personnelle des mineurs, et la défense à une
action en désaveu, qui exige la nomination d'un tuteur spécial, le tuteur peut défendre seul à toutes les actions concernant le mineur.

Si une opposition d'intérêts surgit entre le tuteur et le
mineur, ce dernier doit être représenté par le subrogé
tuteur. Toutefois, malgré une opposition d'intérêts, le
tuteur représenterait valablement le mineur s'il s'abstenait
de faire valoir ses propres droits. Par exemple, le tuteur
créancier du mineur le représenterait valablement dans
un ordre ouvert sur ce dernier, s'il s'abstenait de produire pour sa créance (3). C'est qu'en effet la loi ne donne
à l'incapable un représentant spécial qu'autant que les

(1) *Sic*, Cass., 24 novembre 1880. J. du P., 1881, 1, 139.
(2) Demolombe, t. V, n° 172.
(3) Cass., 5 juillet 1847. S. 1848, 1, 345. — Cass., 6 déc. 1852.
S. 1853, 1, 76.

intérêts de cet incapable sont en opposition avec ceux de son tuteur ; or, si ce tuteur évite de faire valoir ses droits, l'opposition d'intérêts ne peut avoir lieu et par suite il n'est pas nécessaire de donner un représentant spécial à l'incapable.

Au lieu de surgir entre un tuteur et un mineur, l'opposition d'intérêts peut éclater entre le père, administrateur légal, et son enfant mineur. Celui-ci sera alors représenté par un administrateur *ad hoc* qui sera nommé par le tribunal, le conseil de famille ne fonctionnant pas sous l'administration légale.

Si la mère remariée a conservé la tutelle, nous avons vu que le mari étant cotuteur, tous deux gèrent ensemble la tutelle. Les actions que les tiers auront à exercer contre le mineur devront donc l'être contre la mère et le nouveau mari.

Nous avons admis que le curateur au ventre ne pouvait faire que des actes conservatoires, il ne pourra donc pas, en principe, défendre à une action au nom de l'enfant à naître (1). Toutefois, dans certains cas, il pourrait se faire que des héritiers cherchent à s'emparer de la succession, ou qu'ils engagent une action qui tende à compromettre les intérêts de l'enfant à naître. Nous croyons que le curateur, dans l'intérêt de cet enfant, pourrait, s'il le croyait utile, intervenir dans les instances ainsi engagées, et y concourir pour la défense de ses intérêts (2). Il faut l'admettre, sans quoi les droits de cet enfant se trouve-

(1) Aubry et Rau, t. I, p. 561 texte et note 8.
(2) Demolombe, t. VII, n° 74.

raient réduits à néant faute de pouvoir être sanctionnés.

Tel est le mode de représentation admis par notre loi pour les mineurs non émancipés dans la défense. Ces incapables n'auraient pas qualité pour défendre seuls à une action. Et si un tiers assignait un mineur seul, le jugement qui interviendrait serait nul.

Toutefois, ce principe souffre une exception.

En matière répressive, le mineur peut défendre seul à une poursuite dirigée d'office contre lui.

C'est là un point qui n'est pas contesté.

Mais que décider si une action civile est dirigée contre le mineur devant la juridiction répressive, en même temps que l'action publique ou séparément ?

Nous pensons que le mineur peut défendre seul, sans l'assistance du tuteur, à l'action civile dirigée contre lui en même temps que l'action publique. C'est qu'en matière de délits, la loi pénale ne distingue pas, entre les mineurs et les majeurs, au point de vue de la recevabilité de l'action. L'action publique est recevable contre le mineur sans qu'il ait besoin d'être assisté de son tuteur ; or l'action civile, quand elle est poursuivie en même temps et devant les mêmes juges que l'action publique, est soumise aux mêmes règles que celle-ci, car elle n'en est que l'accessoire.

Si, au contraire, l'action civile est portée directement devant un tribunal civil, le mineur ne peut pas être assigné seul, il faut aussi mettre son tuteur en cause, parce qu'alors l'action civile, n'étant plus l'accessoire de l'action publique, obéit aux règles ordinaires des actions civiles.

L'opinion que nous émettons, en cette matière, nous paraît conforme aux dispositions du code d'instruction criminelle, et notamment aux articles 145, 147, 159, 162, 182, 192, 358, 359 et 366 qui montrent que la loi ne fait aucune distinction entre le prévenu majeur ou mineur, au point de vue des formes de la poursuite; aucune disposition de ce code ne prescrit de mettre le tuteur en cause quand il s'agit de l'action civile. Il faut donc admettre que cette intervention n'est pas exigée, quand l'action civile en dommages-intérêts est poursuivie accessoirement à l'action publique (1).

Parmi les opinions contraires qui se sont formées, l'une ne nie pas qu'il y ait une différence entre les formes de la poursuite, suivant qu'il s'agit d'une action répressive ou d'une action civile. Mais, dit-on, dans cette opinion, il faut distinguer suivant que le mineur a été condamné ou acquitté. S'il a été condamné, il est évident que le tuteur ne devait pas être mis en cause, car c'est la répression d'un délit qui était poursuivie; il doit, au contraire, être mis en cause s'il est acquitté, car le fait imputable au mineur étant exempt de toute criminalité, c'est à tort qu'il a été traduit devant la juridiction criminelle.

Cette opinion ne nous semble pas soutenable, car on ne peut savoir qu'après le jugement de l'affaire principale si le fait est ou n'est pas exempt de criminalité ; or, en pratique, on n'aurait jamais le temps de mettre le tuteur en cause entre le jugement du délit et la décision qui doit intervenir sur l'action civile. Et puis c'est là une distinction qui n'est formulée nulle part dans la loi.

(1) Cass., 15 janvier 1846. S. 1846, 1, 489. -- Demolombe, t. VII, n° 804. — Magnin, *Traité des minorités*, t. II, p. 491.

Une autre opinion prétend que le tuteur doit toujours être mis en cause, quand une action civile est dirigée contre un mineur, même dans le cas où cette action civile serait dirigée contre lui concurremment avec l'action publique. Cette opinion prétend que l'article 3 du code d'instruction criminelle ne fait que donner aux tribunaux répressifs compétence pour statuer sur l'action civile, mais ne la dispense pas des formalités ordinaires de toute action civile, et qu'il est peu croyable que le législateur ait voulu priver le mineur de l'assistance de son tuteur, précisément devant la juridiction répressive où il peut être troublé par la plus grande solennité de cette juridiction.

Nous persistons cependant à soutenir que le tuteur n'a pas besoin d'être mis en cause lorsque l'action civile est poursuivie devant la juridiction répressive. Il est évident, en effet, que, dans notre cas, il y a une exception à la règle générale. La meilleure preuve c'est que devant la juridiction civile le tuteur figure seul, tandis que devant la juridiction répressive, quand il ne s'agit que de poursuivre le délit, c'est au contraire le mineur qui figure seul sans son tuteur. Or, quand accessoirement à l'action publique on introduit contre le mineur une action civile, on ne voit pas pourquoi on exigerait la présence du tuteur pour cette action qui ne concerne que les biens du mineur, alors qu'on ne l'exige pas pour l'action publique qui concerne la liberté, l'honneur ou la vie du mineur.

Par exception il faudrait aussi admettre le mineur à défendre seul à une action par mesure conservatoire. Si personne ne prend la défense de ce mineur, il pourra faire tous les actes utiles à sa défense. Mais comme, aux termes

de l'article 481 du code de procédure civile, une telle défense ne serait pas valable et pourrait donner lieu à requête
civile, l'adversaire peut refuser de continuer le débat
jusqu'à ce que le tuteur intervienne.

Mais, comme pour l'action civile exercée concurremment
avec l'action publique, ce n'est là qu'une exception, et la
règle c'est que le mineur défendeur ne peut pas figurer
lui-même en justice.

CHAPITRE II

Tout ce que nous avons dit de la défense des mineurs s'applique à celle des interdits : le tuteur de l'interdit peut défendre à toutes les actions introduites contre cet interdit sans avoir besoin de l'autorisation du conseil de famille.

Le tuteur de l'interdit défendrait valablement en son nom, même à une demande en divorce ou en séparation de corps.

Nous ne croyons même pas que l'interdit puisse défendre seul à une action dans un intervalle lucide, car tant que l'interdiction n'est pas levée, il est présumé incapable, il n'a pas la capacité d'agir, et c'est son tuteur qui doit le représenter. (Arg. art. 506 et 450 C. c.)

Quant à l'interdit légal, il est aussi représenté par son tuteur dans la défense à n'importe quelle action. Nous croyons même, malgré le caractère personnel de l'action en divorce, que seul son tuteur peut le représenter en défendant. Nous nous fondons, pour en décider ainsi, sur le troisième alinéa de l'article 234 du code civil qui, à propos de l'introduction d'une demande en divorce au nom de l'interdit légal, déclare que la requête ne peut être présentée par le tuteur que sur la réquisition ou avec l'autorisation de l'interdit. Il résulte de cet article qu'une fois la requête présentée, le tuteur peut agir seul au nom de l'interdit ; aussi en concluons-nous que le tuteur peut, à plus forte raison, défendre à une pareille action le législateur ne se montrant jamais plus difficile pour permettre d'agir comme défendeur que comme demandeur.

CHAPITRE III

MINEURS ÉMANCIPÉS

Nous avons décidé, par argument *a contrario* de l'article 482, que le mineur émancipé pouvait introduire seul une action mobilière sans l'assistance de son curateur. Il nous semble *a fortiori* que ce mineur pourra défendre seul à une telle action.

Le tiers qui aura une action mobilière à exercer contre un mineur émancipé, ne sera donc pas tenu de mettre son curateur en cause (1). Et d'après nous, cette solution doit s'appliquer même dans le cas où le résultat de cette action aboutirait à la réception ou à la décharge d'un capital mobilier, sauf à mettre le curateur en cause au moment où il s'agira de remettre un capital au mineur émancipé (2).

S'il s'agit, au contraire, de défendre à une action immobilière, le mineur émancipé aura besoin de l'assistance de son curateur. La demande dirigée contre le mineur émancipé en cette matière, devra donc l'être contre lui-même et contre son curateur pris pour l'assister.

(1) Amiens, 8 février 1862. S. 1862, 2, 110.
(2) Laurent, t. V, n° 220.

Si le mineur était cité seul en matière immobilière et condamné, il pourrait attaquer la décision rendue contre lui par la requête civile comme n'ayant pas été défendu. (Art. 481 C. pr. c.) (1).

Il faudrait en dire autant du mineur émancipé dont le curateur seul aurait été cité et condamné comme défendeur.

Si le mineur émancipé cité comme défendeur en matière immobilière est une femme mariée, elle agirait valablement avec l'autorisation et l'assistance de son mari, celui-ci étant son curateur légal (2).

Quand il s'agit des mineurs, les actions en partage sont mises, au sujet de la capacité nécessaire pour les exercer, sur le même rang que les actions immobilières ; il faut donc décider que le mineur émancipé aura besoin de l'assistance de son curateur pour défendre à une demande en partage.

Quant aux actions concernant l'état et la personne des mineurs, on les considère généralement comme au moins aussi importantes que les actions immobilières. Nous décidons donc que le mineur émancipé ne pourra pas défendre à ces actions sans l'assistance de son curateur. Il en sera ainsi pour la défense, par l'un des époux mineurs, à une demande en séparation de corps ou en divorce, et pour la défense par le mari à une demande en séparation de biens.

Par exception, le mineur émancipé peut défendre seul à

(1) Garsonnet, t. V, § 1099.
(2) Pau, 11 mars 1811. *J. du P.*, 1811, 168. — Cass., 4 février 1868. S. 1868, 1441.

une demande en interdiction dirigée contre lui, a-t-on dit, parce que le but de cette action est de procurer à l'incapable une plus grande protection, et qu'en outre, à raison des formes spéciales de cette instance, l'incapable est suffisamment protégé (1).

Nous ne croyons cependant pas que le mineur émancipé puisse défendre seul à une demande en interdiction. L'assistance du curateur nous semble nécessaire, même dans ce cas, parce que nous ne croyons pas que le législateur ait voulu abandonner l'incapable à lui-même dans une circonstance aussi grave et qui met en jeu son état et sa capacité, alors que l'assistance de son curateur lui est nécessaire dans d'autres cas relativement moins importants.

Nous avons dit que le mineur émancipé ne pouvait pas défendre à une action immobilière sans l'assistance de son curateur. Cette proposition vraie dans son ensemble, ne le serait pas si elle était généralisée. Il faut, en effet, faire une exception pour les actions possessoires, qui, à raison de leur caractère conservatoire, sont assimilées aux actions mobilières quant aux conditions de leur exercice. Le mineur émancipé peut donc y défendre seul (2).

Il est facile, en somme, de voir que la loi s'est défiée du mineur émancipé aussi bien pour la défense que pour la demande. Toutes les fois que l'assistance du curateur est exigée pour introduire une action, elle l'est également pour y défendre.

(1) Aubry et Rau, t. I, p. 551.
(2) Cass., 15 mars 1858. S. 1858, 1, 653.

CHAPITRE IV

PRODIGUES ET FAIBLES D'ESPRIT

La prohibition de plaider, faite par les articles 499 et 513 du code civil aux faibles d'esprit et aux prodigues, est générale et s'applique aussi bien à la défense qu'à la demande.

Cette prohibition s'applique à toutes les actions, aussi bien aux actions mobilières et aux actions possessoires, qu'aux actions immobilières et aux actions concernant l'état et la personne (1).

Pour être introduite valablement, l'action dirigée contre un prodigue ou un faible d'esprit, devra donc l'être en même temps contre son conseil judiciaire à l'effet de l'assister. C'est ainsi que, lorsqu'une femme mariée est pourvue d'un conseil judiciaire autre que son mari, il ne suffit pas, pour la régularité de la procédure, de mettre le mari en cause pour autoriser sa femme, il faut, de plus, diriger l'action contre le conseil judiciaire de la femme.

Il pourrait y avoir quelque doute au sujet des actions personnelles telles que l'action en séparation de corps.

(1) Demolombe, t. VIII, n° 724.

Mais en présence du texte formel des articles 499 et 513, il faut décider que, même dans ces cas, l'action doit être dirigée contre l'incapable et son conseil.

On comprend d'ailleurs très bien que la prohibition de plaider s'applique même quand il s'agit d'actions personnelles. La défense de plaider, sans l'assistance du conseil, a en effet pour but d'empêcher, d'abord que l'incapable n'encoure, en engageant de mauvaises contestations, des condamnations aux dépens ou à des dommages-intérêts qui pourraient être fort onéreuses pour lui, et ensuite que l'incapable, en produisant une défense incomplète, ne compromette des droits précieux. Or, ce double inconvénient pourrait se produire, aussi bien dans les procès concernant la personne, que dans ceux qui n'ont trait qu'à des intérêts pécuniaires.

Il n'y a donc pas d'exception à faire au principe des articles 499 et 513.

On a cependant cru en trouver une dans la défense à une demande en interdiction, qui peut être formée et suivie, a-t-on dit, contre un individu pourvu d'un conseil judiciaire, sans qu'il soit nécessaire de mettre son conseil en cause. On prétend que cette décision est fondée sur le but de la demande qui tend à procurer une protection plus efficace que celle résultant de la nomination d'un conseil judiciaire, et sur les formes spéciales de la procédure qui assurent une protection complète à l'incapable, et par suite rendent inutile l'assistance de son conseil (1).

(1) Cass., 15 mars 1858. S. 1858, 1, 653. — Aubry et Rau, t. I, p. 570, texte et note 6.

Nous ne croyons cependant pas qu'un prodigue puisse défendre seul à une demande en interdiction. L'assistance de son conseil lui est nécessaire. En effet, alors que cette assistance est requise dans des cas relativement peu importants, il nous paraît inadmissible de laisser l'incapable, complètement abandonné à lui-même, dans une occasion où il doit défendre à une demande qui met en jeu son état et sa capacité.

Toutefois il y a un cas dans lequel le prodigue peut défendre seul, c'est lorsqu'une action civile est dirigée contre lui, devant la juridiction répressive et en même temps que l'action publique, dans le but de le faire condamner à des dommages-intérêts. Cette exception est fondée sur le caractère spécial de l'action civile dans ce cas. Cette action n'étant que l'accessoire de l'action publique doit obéir aux mêmes conditions de recevabilité. (Art. 3, C. i. cr.)

Mais si l'action civile en dommages-intérêts était exercée indépendamment de l'action publique, on rentrerait dans le droit commun des articles 499 et 513, et elle devrait être dirigée à la fois contre le prodigue et son conseil judiciaire.

Il est admis encore que l'individu pourvu d'un conseil judiciaire peut, sans l'assistance de ce conseil, faire des actes conservatoires, et ces actes sont valables, pourvu que le conseil judiciaire intervienne dans l'instance pour assister le prodigue ou faible d'esprit, ou qu'il lui soit nommé, en cas de refus mal fondé, un conseil judiciaire *ad hoc* (1).

____

(1) Poitiers, 7 août 1867, sous Cass., 12 août 1868. S. 1868, 1, 429.

Pour la défense, comme pour la demande, l'assistance du conseil judiciaire ne doit pas se borner à une simple autorisation. Le conseil judiciaire doit être mis en cause avec l'incapable (1).

Si le prodigue a plaidé seul, le jugement qui intervient est entaché de nullité. Toutefois le conseil judiciaire, d'accord avec le prodigue, peut ratifier ce qui a été fait et couvrir ainsi la nullité du jugement rendu contre le prodigue. Mais, au lieu de couvrir le vice dont est entaché un jugement, le prodigue et son conseil peuvent en demander la nullité, et alors la décision ainsi viciée sera anéantie (2).

(1) Cass., 1er février 1876. P. 76, 366.
(2) Amiens, 21 juillet 1880. S. 82, 2, 76.

CHAPITRE V

Les aliénés non interdits, internés en vertu de la loi du 30 juin 1838, ne peuvent, pendant le temps de leur internement, ester en justice en défendant, sans être représentés par un mandataire spécial (1).

L'administrateur provisoire n'a que des pouvoirs très limités qui ne lui permettent pas de représenter l'aliéné en justice. Il lui faudrait pour cela un mandat spécial. Le seul rôle que puisse jouer l'administrateur provisoire, quand il s'agit de défendre à une action au nom de l'aliéné, c'est de recevoir les significations des pièces de procédure, tant qu'il n'aura pas été nommé un mandataire *ad litem* à l'aliéné. Quant aux significations qui seraient faites au domicile de l'aliéné, elles peuvent être annulées si elles ont été faites de mauvaise foi et dans le but de faire encourir une déchéance à l'incapable. (Art. 35, L. 1838.)

Quand il s'agit de la défense à une demande introduite contre l'aliéné, la désignation d'un mandataire *ad litem*,

(1) Aubry et Rau, t. I, p. 536.

chargé de représenter cet aliéné, est obligatoire pour le tribunal. Il n'y a pas à distinguer si l'aliéné était engagé dans la contestation au moment de son internement, ou si l'action n'a été dirigée contre lui que postérieurement à son internement.

Il y a là une différence avec la demande à intenter au nom de l'aliéné après son internement. Dans ce dernier cas, en effet, le tribunal a la faculté de refuser de désigner un mandataire pour intenter la demande au nom de l'aliéné ; tandis qu'au contraire, quand l'aliéné est défendeur, le tribunal n'a plus cette option, il est obligé de lui nommer un mandataire *ad litem*. Cette différence s'explique facilement, parce que la défense est de droit commun, et qu'on ne saurait équitablement en priver les incapables.

Le mandataire *ad litem* représente l'aliéné qu'il est chargé de défendre, mais seulement dans l'affaire spéciale pour laquelle il a été désigné. Il serait sans qualité pour défendre à une action n'ayant aucune connexité avec celle qui fait l'objet de son mandat. Par exemple, le mandataire chargé de défendre au nom de l'aliéné à une action en dommages-intérêts, ne pourrait pas défendre à une action en revendication dirigée contre cet aliéné pendant la durée de son mandat. Cela tient à la spécialité du mandat *ad litem* qui ne confère au titulaire le pouvoir de représenter l'aliéné, que dans l'action en vue de laquelle il a été désigné. Et il ne peut être procédé en justice contre l'aliéné non régulièrement représenté, à peine de nullité de toute la procédure suivie contre lui (1).

(1) Paris, 23 mai 1873. S. 1873, **2**, 248.

On a pourtant prétendu trouver une exception à la règle
de l'article 33 de la loi du 30 juin 1838, quand il s'agit de
défendre à une demande en interdiction formée contre
l'aliéné. Cette demande, a-t-on dit, est essentiellement
personnelle et ne peut être dirigée que contre l'aliéné lui-
même, et les tribunaux ne peuvent pas nommer dans ce
cas un mandataire *ad litem* chargé de représenter l'aliéné
non interdit (1). A l'appui de cette opinion on fait valoir
cette considération, que l'aliéné peut valablement procéder
en justice dans un intervalle lucide.

Mais nous nions que l'aliéné puisse agir en justice dans
un intervalle lucide ; l'article 33 de la loi du 30 juin 1838
a réglé, en effet, dans quelles conditions il doit être procédé
en justice au nom de l'aliéné interné ; nous ne croyons
pas, tant que dure cet internement, qu'il puisse être procédé autrement. car quand bien même l'interné serait dans
un intervalle lucide, il est présumé par la loi incapable (2). Or quand il s'agit de défendre à une demande en
interdiction, la présence de l'aliéné seul, dans l'instance,
est contraire à cet article 33. La présence d'un mandataire, qui aidera et assistera l'aliéné, obligé de figurer
comme défendeur dans une semblable instance, parait
encore plus nécessaire que dans toute autre contestation.

Le soin de faire nommer un mandataire *ad litem* appartient, non pas au demandeur, mais à l'administrateur provisoire. C'est ainsi que des héritiers, qui veulent intenter
une action en partage, ne sont pas tenus de faire nommer,

(1) Paris, 13 avril 1875. S. 1875, 2, 198.
(2) Aubry et Rau, t. I, p. 535 et 536 texte et notes 33 et 34.

préalablement, à l'aliéné un mandataire spécial; leur action est valablement introduite par l'assignation adressée tant à l'aliéné qu'à son administrateur provisoire, sauf au tribunal, après l'ouverture de l'instance, à nommer, même d'office, à l'interné un mandataire spécial qui le représentera dans l'instance (1).

D'après la loi de 1838, lorsqu'un individu est interné dans un établissement public, ses biens sont soumis à une sorte d'administration légale; mais s'il est placé dans un établissement privé, la gestion de sa fortune ne se trouve confiée à personne, tant qu'il ne lui a pas été nommé un administrateur judiciaire.

Pour remédier à cette situation, un projet de loi voté par le Sénat assure le bienfait de l'administration provisoire à tous les aliénés, sans distinction entre ceux qui sont internés dans un asile public et ceux qui sont placés dans un établissement privé. Le curateur nommé par le ministre de l'intérieur exercerait les fonctions d'administrateur provisoire, tant qu'il n'aurait pas été pourvu par le conseil de famille, ou par le tribunal, à la nomination d'un administrateur datif ou d'un administrateur public. Et c'est à ce curateur, ou à l'aliéné lui-même, que devraient être adressées les assignations (2).

(1) Aix, 6 juillet 1865. S. 1866, 2, 213.
(2) Séances du Sénat des 9 décembre 1886, 17 février 1887, art. 9, 10, etc., 51.

CHAPITRE VI

FEMME MARIÉE

§ 1. — Autorisation de la femme mariée.

Les articles 215 et 218 du code civil, qui exigent l'autorisation du mari ou de justice pour que la femme puisse ester en justice, s'appliquent aussi bien à la défense qu'à la demande. Tout ce que nous avons déjà dit au sujet de l'autorisation maritale s'applique donc ici.

Cette nécessité pour la femme d'être autorisée de son mari ou de justice est un principe général qui reçoit son application dans tous les cas. C'est ainsi que la femme aurait besoin de l'autorisation maritale, quand bien même il s'agirait de défendre à une demande en interdiction formée contre elle (1).

La femme serait cependant dispensée d'autorisation pour défendre à une action intentée contre elle par son mari. Mais il ne faut pas voir là une exception au principe des articles 215 et 218 du code civil, il y a plutôt une autorisation implicite de la part du mari. On suppose

(1) Cass., 9 janvier 1822. D. 1822, 1, 49.

que le mari qui actionne sa femme, ne veut pas que celle-ci soit dans l'impossibilité de se défendre.

Nous voyons une exception au principe de la nécessité de l'autorisation maritale en matière pénale. (Art. 216 C. c.) La femme peut défendre sans autorisation quand elle est poursuivie en matière criminelle ou de police. Il faut en décider de même pour la femme défenderesse à une action civile en dommages-intérêts, poursuivie contre elle concurremment à l'action publique. C'est que l'action civile n'est alors qu'un accessoire de l'action publique, et qu'étant poursuivie devant les tribunaux de répression, elle obéit aux mêmes formes que l'action publique. (Art. 3 C. i. cr. et art. 216 C. c.) (1).

Depuis la loi du 6 février 1893, la femme séparée de corps peut ester en jugement sans qu'elle ait besoin de recourir à l'autorisation de son mari ou de justice. (Art. 311 nou-veau.) La femme séparée de corps a donc qualité pour défendre sans autorisation.

C'est à l'adversaire de la femme, qui intente une action contre elle, à prendre ses précautions pour que celle-ci soit autorisée. Et comme le mauvais vouloir du mari ou de la femme pourrait paralyser l'action intentée, on admet que la partie adverse a le droit de provoquer elle-même cette autorisation, que le tribunal pourrait même donner d'office.

§ 2. — Représentation de la femme mariée.

I. *Sous le régime de la communauté.*

Actions de la communauté. — La communauté se com-

(1) Aubry et Rau, t. V, p. 140 texte et note 14.

pose des biens communs à la femme et au mari, ainsi que des revenus des propres de celle-ci. Cependant c'est le mari qui administre seul la communauté.(Art. 1421.)La conséquence de ce pouvoir d'administration du mari,c'est qu'il défend seul à toutes les actions intéressant la communauté.

Les tiers qui agissent contre la communauté peuvent donc se contenter d'agir contre le mari, et il n'est pas besoin de mettre la femme en cause. En effet, elle forme un tout et c'est le mari qui l'administre et la représente. Cependant s'il s'agit d'une dette mobilière tombée dans la communauté du chef de la femme, les créanciers de la femme qui voudront obtenir hypothèque judiciaire contre elle, devront l'assigner et la faire condamner en même temps que le mari (1).

Mais, en règle générale, le mari la représente seul,et bien que le mari soit seul en cause, la femme n'en est pas moins réputée partie dans toutes les instances relatives aux biens communs. On s'est alors demandé, à ce sujet, si la partie adverse ne pourrait pas faire procéder à l'interrogatoire sur faits et articles de la femme. On a soutenu la négative, en disant que la femme n'étant pas capable de défendre, l'interrogatoire n'aurait pour but que d'obtenir sa déclaration dans une instance où elle ne figure pas.

Nous croyons cependant, et telle était l'opinion de notre ancien droit, que la femme peut être interrogée sur faits et articles, car le mari la représentant elle est partie dans l'instance. (Art. 324 C. pr. c.) (2). Toutefois, nous croyons

(1) Aubry et Rau, t. V, p. 334 et 335.
(2) Boncenne et Bourbeau, *Théorie de la procédure civile*, t. IV, p. 530.

aussi qu'il faudra la mettre en cause : en effet, l'interrogatoire est un incident de procédure qui doit rester étranger
aux personnes qui ne figurent pas dans l'instance. La
femme est bien représentée dans la procédure, mais il faut
l'appeler quand on veut lui faire jouer un rôle personnel (1).

Si le mari était interné en vertu de la loi du 30 juin 1838,
ce serait le mandataire *ad litem* de ce mari aliéné qui défendrait aux actions relatives aux biens de la communauté,
puisque c'est un tel mandataire qui doit exercer les actions
appartenant à l'aliéné, et la femme serait représentée par
ce mandataire, comme elle le serait par son mari (2).

Actions de la femme. — Comme pour la demande, il faut
distinguer entre les actions mobilières et les actions immobilières.

Pour ce qui est des actions mobilières, le mari peut les
exercer seul, l'article 1428, alinéa 2, s'appliquant aussi
bien à la défense qu'à la demande.

La femme, étant représentée par le mari, ne serait pas
recevable à intervenir dans une telle instance. Mais en
résulte-t-il, comme on l'a soutenu, que le mari seul, à
l'exclusion de la femme, peut défendre aux actions mobilières qui appartiennent à cette dernière sous le régime de
la communauté? Nous ne le croyons pas. L'article 1428 n'est
pas exclusif à ce point. Il dit que « le mari peut exercer
seul », c'est-à-dire sans le concours de la femme, les
actions mobilières et possessoires qui appartiennent à la
femme. Il ne dit pas « le mari seul peut exercer ». Et cela

---

(1) Guillouard, *Du contrat de mariage*, t. II, no 757 bis.]
(2) Cass., 2 juin 1886. S. 1890, 1, 322.

est naturel. Il suffirait, en effet, que le mari se montrât négligent ou de mauvaise volonté pour que les biens de la femme fussent compromis. Il faut donc permettre à la femme de pouvoir défendre elle-même à ces actions, avec l'autorisation de justice à défaut de celle du mari.

Nous croyons que la solution que nous venons de donner est la plus conforme à l'esprit de la loi. Car pourquoi le mari exerce-t-il les actions mobilières de la femme? c'est pour administrer plus facilement dans les limites tracées par la loi. Ce n'est point parce que la femme est incapable d'agir en justice, puisqu'elle exerce elle-même ses actions immobilières qui sont bien plus importantes. Il faut donc permettre à la femme d'agir si le mari se montre administrateur négligent.

En ce qui concerne les actions immobilières il faut distinguer:

Le mari a les mêmes pouvoirs pour les actions immobilières possessoires, que pour les actions mobilières. L'article 1428, al. 2, les assimile, en effet, complètement aux actions mobilières. Et la femme peut aussi les exercer avec l'autorisation de son mari ou de justice.

Quant aux actions pétitoires immobilières, l'article 1428 n'en parle pas. Il faut en conclure que le mari n'en a pas l'exercice; c'est la femme qui les exercera avec le concours du mari.

L'article 1428, al. 2, donne au mari l'exercice des actions mobilières et possessoires, parce que ce sont des actions qui n'excèdent pas les bornes d'une administration ordinaire. Au contraire, le législateur a considéré comme des actes de disposition, l'exercice des actions pétitoires immobilières.

Ces actions ne rentrant pas dans les pouvoirs d'adminis
tration du mari, celui-ci ne peut pas les exercer comme
représentant de la femme.

Le tiers qui aura une action immobilière à exercer contre
la femme, devra donc assigner le mari et la femme : la
femme comme propriétaire du droit, objet de l'action, et
le mari comme chef de la communauté ayant l'usufruit de
ce droit, et en même temps pour autoriser sa femme (1).

Bien que n'ayant pas l'exercice des actions pétitoires
immobilières de sa femme commune en biens, le mari,
chef de la communauté à laquelle appartient l'usufruit des
propres de la femme, peut, à ce titre, défendre même aux
actions pétitoires. Mais les décisions ainsi rendues à l'encontre de la communauté usufruitière, n'ont pas l'autorité
de la chose jugée à l'égard de la femme considérée comme
propriétaire, si elle n'a pas été mise en cause.

Pour l'action en partage, il y a un texte spécial, l'article
818, aux termes duquel le mari peut, sans le concours de la
femme, provoquer le partage des objets, meubles ou immeubles, à elle échus, qui tombent en communauté, et à
plus forte raison y défendre. (Arg. art. 465 C. c.) Mais
supposons qu'il s'agisse d'un régime de communauté sous
lequel les meubles ont été réalisés. Dans ce cas ces meubles
ne tombent pas en communauté, il faut conclure, *a contrario* de l'article 818, que la femme seule peut alors défendre à la demande en partage concernant ces meubles.

Toutefois, en pratique, il arrivera le plus souvent que
la succession intéressant la femme sera partie mobilière,

(1) Cass., 24 mars 1841. S. 1841, 1, 511.

partie immobilière. Une portion de ces biens tombera en communauté, tandis que l'autre restera propre à la femme. Aux termes de l'article 818, le mari ne pourra pas défendre seul à la demande concernant ce partage. Le tiers demandeur devra assigner la femme et le mari (1).

Le motif de cette solution est basé sur le danger de collusion ou de spéculation du mari, qui pourrait exclure de la part héréditaire de la femme tel immeuble ou telle valeur, qu'il serait de l'intérêt de celle-ci de conserver.

D'autre part, la femme ne pourrait pas défendre seule à une demande en partage concernant une succession purement immobilière, puisque le mari, comme chef de la communauté, ayant droit aux revenus de cette succession, est intéressé dans ce partage. La demande devra donc être dirigée contre le mari et contre la femme.

II. *Sous le régime dotal.*

Tandis que sous le régime de la communauté la femme défend aux actions immobilières possessoires et aux actions mobilières, sous le régime dotal elle ne peut pas défendre à ces actions. L'article 1549 est, en effet, exclusif du droit de défense de la femme, aussi bien que du droit d'agir. C'est le mari seul qui peut défendre aux actions dotales de la femme. Les tiers qui voudront agir contre la femme dotale, devront donc assigner le mari. L'assignation donnée à la femme n'aurait aucune valeur, il faudrait la

(1) Pau, 21 février 1861. *J. du P.*, 62, 1126. Marcadé, sous l'art. 1549, III.

considérer comme donnée à une personne n'ayant pas qualité pour défendre.

Toutefois il y a quelques exceptions à ce principe.

La première exception résulte de l'article 818, aux termes duquel la femme doit être mise en cause avec le mari, quand les cohéritiers de celle-ci provoquent un partage. Nous avons vu que ce texte s'appliquait à la communauté. Il s'applique aussi au régime dotal. L'action en partage, ayant pour objet le recouvrement de la dot, échappe à l'application de l'article 1549, parce que, jusqu'au partage, il n'y a rien de dotal, il n'y a qu'une expectative (1).

Le mari pourrait cependant défendre seul à un partage provisionnel, où la question de propriété ne serait pas engagée.

Une seconde exception résulte de l'article 2208, aux termes duquel l'expropriation des immeubles dotaux de la femme doit se poursuivre contre la femme et le mari. C'est que cette expropriation a pour résultat de dépouiller le mari d'une partie des revenus sur lesquels il était en droit de compter; il faut donc mettre la femme en cause, car elle peut préférer engager ou vendre un bien paraphernal, pour conserver l'immeuble dotal qui est menacé d'expropriation.

Enfin, en cas d'expropriation pour cause d'utilité publique d'un immeuble appartenant à la femme, l'instance, en règlement d'indemnité, devrait être introduite contre la femme et le mari. (Arg. art. 13, 25, 28, Loi du 3 mai 1841.)

(1) Cass., 21 janvier 1846. S. 1846, 1, 263.

Sauf ces trois exceptions, c'est le mari qui défend seul à toutes les actions de la femme dotale, sans qu'il y ait à distinguer entre les actions mobilières et les actions immobilières.

La femme peut défendre seule à une action répressive, et à l'action civile dirigée contre elle accessoirement à l'action répressive. C'est là une exception qui est vraie sous quelque régime que la femme soit mariée, et qui n'est pas particulière au régime dotal.

III. *Sous le régime de séparation de biens.*

L'article 1549 nous dit que « la femme séparée soit de corps et de biens, soit de biens seulement, en reprend la libre administration ».

La femme séparée, ne fût-ce que de biens, a donc la libre administration de ses biens, et, comme conséquence, le droit de défendre seule à toutes les actions les concernant. Mais comme la femme même séparée de biens ne peut ester en jugement sans l'autorisation de son mari ou de justice, le tiers agissant contre la femme devra agir en même temps contre le mari pris pour autoriser sa femme.

La femme séparée de biens, et qui a l'autorisation nécessaire pour plaider, défend au même titre qu'une personne ayant sa pleine capacité.

Depuis la loi du 6 février 1893, la femme séparée de corps peut plaider sans autorisation.

TROISIÈME PARTIE

VOIES DE RECOURS

Les voies de recours contre les jugements sont les moyens offerts aux parties qui ont succombé, d'attaquer les décisions rendues contre elles.

Elles se divisent en voies de recours ordinaires et en voies de recours extraordinaires.

Les voies de recours ordinaires sont celles ouvertes à tout plaideur, à moins qu'un texte de loi ne l'en ait spécialement privé. Ce sont l'opposition et l'appel.

Les voies de recours extraordinaires sont celles au contraire qui ne sont permises qu'en vertu d'un texte spécial et formel de la loi. Ce sont : la tierce opposition, la requête civile, le pourvoi en cassation, la prise à partie et le désaveu.

CHAPITRE PREMIER

OPPOSITION

L'opposition, voie de recours particulière aux jugements par défaut, est l'acte d'une partie qui, jugée par défaut, c'est-à-dire sans qu'elle ait pris des conclusions, fait défense d'exécuter et remet en question le jugement rendu contre elle.

Pour être recevable à former opposition, il faut avoir été partie au procès par soi-même ou par son représentant, mais avoir été jugé par défaut. Il faut en outre y avoir intérêt et remplir les conditions de capacité ou de pouvoir exigées par la loi.

La capacité pour faire opposition en son nom, ou le pouvoir pour faire opposition au nom d'autrui, sont en principe les mêmes que s'il s'agissait d'introduire une action, ou d'y défendre. C'est-à-dire que celui qui a été primitivement demandeur devra, pour former une opposition régulière, justifier qu'il avait la capacité ou le pouvoir suffisants pour introduire sa demande. S'il fait cette justification, il n'a pas besoin d'accomplir d'autre formalité pour que son opposition soit valable. De même celui qui était primitivement défendeur, peut faire opposition seul, s'il avait la capacité ou le pouvoir suffisants pour défendre. Il n'y a que dans le cas où l'incapable aurait besoin d'une assistance continuelle au cours du procès, qu'il ne pourra pas faire opposition seul.

On qualifie bien, en pratique, de demandeur en opposition et de défendeur au principal, le défendeur contre lequel a été pris un jugement de défaut et qui y a formé opposition ; mais en réalité le défendeur qui forme opposition reste défendeur, car il poursuit la rétractation du jugement qui l'a condamné ; et le demandeur qui forme opposition reste demandeur, car pour pouvoir reproduire sa demande, il poursuit la rétraction du jugement qui l'a rejetée.

§ 1er. — Mineurs et Interdits.

C'est un tuteur qui représente en justice les mineurs et les interdits judiciaires et légaux. Ce tuteur fera opposition aux jugements rendus par défaut contre eux.

Le tuteur, qui a représenté un incapable comme demandeur en matière mobilière ou possessoire, ou comme défendeur en quelque matière que ce soit, pourra faire opposition aux jugements rendus contre l'incapable, sans avoir besoin d'aucune autorisation.

Le tuteur demandeur, dans une instance immobilière, ou en partage, ou concernant l'état et la capacité de l'incapable, pourra également faire opposition seul, s'il avait obtenu une autorisation du conseil de famille à l'effet d'introduire l'instance. L'opposition, en effet, n'est qu'un incident de l'instance, et il n'y a pas besoin de nouvelle autorisation pour la former.

Si, au contraire, le tuteur n'avait pas obtenu d'autorisation du conseil de famille pour introduire une instance immobilière, ou une instance analogue quant au pouvoir nécessaire à son introduction, l'opposition qu'il formerait sans autorisation ne serait pas régulière. L'adversaire du tuteur pourrait lui opposer ce défaut d'autorisation sous forme de fin de non-procéder. Et au cas où il interviendrait un jugement en dernier ressort ou un arrêt dans une instance pareille, le mineur pourrait l'attaquer par voie de requête civile.

Si le mineur, au lieu d'être en tutelle, se trouve sous l'administration légale de ses père ou mère, l'administrateur légal peut faire opposition, sans autorisation du conseil de famille, même en matière immobilière.

§ 2. — Mineurs émancipés.

Le mineur émancipé peut faire opposition seul en matière mobilière et en matière possessoire ; au contraire, en matière immobilière et de partage, ou dans une matière concernant son état et sa capacité, qu'il soit demandeur ou défendeur, il devra être assisté de son curateur. Toutefois le mineur émancipé n'étant pas frappé d'une incapacité absolue, nous croyons qu'il peut faire opposition à titre conservatoire, même dans les matières où il ne peut plaider qu'avec l'assistance de son curateur.

— 153 —

§ 3. — Prodigues et faibles d'esprit.

Aux termes des articles 499 et 513 du code civil, ils ne peuvent plaider qu'avec l'assistance d'un conseil judiciaire. Ils ne peuvent donc pas faire opposition seuls (1).

Toutefois la majorité des auteurs et la jurisprudence permettent à l'individu pourvu d'un conseil judiciaire de faire opposition. On considère l'opposition comme un acte conservatoire qu'il peut faire seul (2).

Quant à nous, en présence des termes formels des articles 499 et 513, nous ne croyons pas que l'individu pourvu d'un conseil judiciaire puisse faire opposition seul. Car s'il est vrai que l'opposition est un acte conservatoire, il n'est pas moins vrai que, lorsqu'elle intervient à la suite d'une instance, elle a pour résultat de faire continuer le procès. Or, il peut se faire que le procès qui continue sur une opposition soit mauvais pour l'incapable, et que l'opposition, faite à l'insu du conseil, entraîne de nouveaux frais qui auraient été évités si l'incapable lui eût demandé son avis. Nous ne croyons donc pas que l'individu pourvu d'un conseil judiciaire puisse faire seul opposition, même à titre conservatoire.

§ 4. — Aliénés non interdits internés en vertu de la loi du 30 juin 1838.

Le mandataire *ad litem*, chargé de représenter l'aliéné, a un mandat pour l'instance en vue au moment où il a

(1) Aubry et Rau, t. I, p. 570.
(2) Cass., 12 août 1868. S. 1868, 1, 429.

reçu ses pouvoirs. L'opposition, n'étant qu'un incident de procédure, ne constitue pas une nouvelle instance, et la conséquence, c'est que le mandataire *ad litem* peut faire opposition, soit comme demandeur, soit comme défendeur, en vertu du mandat qui lui a été conféré pour plaider dans l'instance, sans avoir besoin d'un nouveau mandat.

§ 5. — Femmes mariées.

La femme mariée, sous quelque régime que ce soit, a besoin de l'autorisation de son mari, ou de justice, pour ester en jugement. (Art. 215 et 218 C. c.) Il faut entendre l'expression *ester en jugement* comme synonyme d'*ester dans une instance ;* or l'opposition n'ouvrant pas une nouvelle instance, la femme n'aura besoin de l'autorisation de son mari ou de justice pour faire opposition, que dans le cas où elle ne l'aurait pas obtenue pour figurer primitivement dans le procès, à l'occasion duquel a été rendu le jugement auquel elle fait opposition.

Sous le régime de la communauté, le mari représente la femme, et fait opposition en son nom dans toutes les actions concernant la communauté, et dans les actions mobilières et possessoires de la femme.

S'il s'agit, au contraire, d'une action pétitoire immobilière de la femme, c'est elle qui fait opposition avec le concours du mari. (Art. 1428, deuxième alinéa.)

Sous le régime dotal, le mari fait seul opposition aux jugements rendus sur les actions mobilières et immobilières de la femme dotale.

Si la femme est séparée de biens, et il en est de même
pour ce qui concerne ses paraphernaux sous le régime
dotal, elle exerce elle-même ses actions avec l'autorisation
de son mari ou de justice, et fait opposition seule, sans
avoir besoin d'une autorisation nouvelle (1).

Quant à la femme séparée de corps, elle a le plein
exercice de sa capacité civile, depuis la loi du 6 février
1893 ; elle peut, par conséquent, faire opposition aux jugements ou arrêts rendus contre elle, sans recourir à l'autorisation de son mari ou de justice.

(1) Toulouse, 25 mars 1882. *J. du P.*, 1883, 1, 591.

CHAPITRE II

APPEL

L'appel est le recours formé contre la décision d'un juge inférieur, en s'adressant à un juge d'un ordre supérieur, dans le but de faire réformer par ce dernier le jugement du premier.

Tout plaideur condamné ou débouté de sa demande peut en général faire appel. Toutefois, pour interjeter valablement appel, les parties doivent être capables d'agir, ou d'agir seules; aussi cette faculté est-elle soumise à certaines restrictions en ce qui concerne les incapables.

En cas d'incapacité absolue, c'est le représentant qui interjette appel au nom du représenté; dans le cas contraire, une autorisation ou une assistance suffit. Mais que l'appel soit interjeté au nom d'un incapable ou au nom d'une personne capable, les règles qui le régissent sont les mêmes.

Pour être recevable dans un appel, il faut avoir été partie en cause et être lésé par le jugement dont on appelle, c'est-à-dire avoir intérêt à la réformation de ce jugement. A cet égard, les représentants des incapables sont réputés avoir été parties en cause, et ils peuvent appeler, bien qu'ils n'aient pas figuré dans l'instance en leur propre nom. C'est que l'appel qu'ils interjettent ne doit, en définitive, profiter ou nuire qu'aux incapables qu'ils représentent, et que la qualité de partie intéressée se trouve résider sur la tête des représentés.

§ 1. — Mineurs et Interdits.

Les mineurs, et les interdits qui leur sont assimilés aux termes de l'article 509 du code civil, ne peuvent pas interjeter valablement appel par eux-mêmes ; c'est le tuteur chargé de les représenter qui doit appeler en leur nom.

Le code n'indique pas quelles sont les conditions de capacité ou de pouvoir pour faire appel. Aussi il a semblé à certains auteurs que, dans aucun cas, il n'y avait besoin d'autorisation du conseil de famille pour que le tuteur pût interjeter appel. L'appel, en effet, peut être considéré comme la continuation, soit de la demande qui a été autorisée à l'origine, soit de la défense qui n'a pas besoin de l'être (1).

A l'inverse, on a soutenu que le tuteur n'avait jamais le droit d'interjeter appel en matière immobilière sans autorisation, qu'il ait été demandeur ou défendeur en première instance, parce que l'appel constitue une nouvelle instance (2).

Enfin parmi les autres systèmes proposés à ce sujet, l'un prétend que le tuteur, autorisé à exercer une action

(1) Demolombe, t. VII, n° 713.
(2) Magnin, *Traité des minorités*, II, n° 1439.

immobilière, a, par cela même, pouvoir d'élever appel
sans nouvelle autorisation ; mais le tuteur qui, en qualité
de défendeur, et par conséquent sans autorisation, a
résisté à une action dirigée contre le mineur, ne pourrait
se rendre appelant du jugement sans une autorisation du
conseil de famille (1).

Quant à nous, à défaut d'un texte régissant directement
la matière, nous estimons que la solution de la question
se trouve dans l'application pure et simple des principes
qui régissent les pouvoirs du tuteur en matière d'actions
mobilières et immobilières, combinés avec les règles de
l'appel.

C'est ainsi que nous sommes amené à dire que le
tuteur pouvant introduire seul une action mobilière,
pourra interjeter seul appel des jugements rendus en matière mobilière.

Au contraire, s'il s'agit d'attaquer un jugement
rendu à la suite d'une instance concernant des droits immobiliers, une demande en partage, ou l'état et la capacité de l'incapable, et dans laquelle le tuteur était demandeur, ce tuteur devra obtenir l'autorisation du conseil
de famille pour interjeter un appel régulier.

Le jugement qu'on veut faire réformer a, en effet,
mis fin à une première instance, et l'appel interjeté
constitue une nouvelle instance qui est introduite, et dès
lors, aux termes de l'article 464 du code civil, il faut une
autorisation du conseil de famille pour le former (2).

(1) De Fréminville, *Traité de la minorité*, t. II, n° 619.
(2) Talandier, *Traité de l'appel*, n° 26.

Cette autorisation du conseil de famille n'est exigée que dans l'intérêt du mineur, aussi le mineur seul peut-il invoquer la nullité de l'appel interjeté sans autorisation par le tuteur primitivement demandeur en matière immobilière, ou dans une matière assimilée au point de vue des pouvoirs du tuteur. Mais il ne pourrait invoquer cette nullité que si le jugement lui était contraire (1).

Quant à l'adversaire du mineur, il ne pourrait pas attaquer le jugement en se basant sur ce défaut d'autorisation. Mais, pour ne pas rester exposé au recours du mineur, il peut exiger la régularisation de la procédure ; il le fera en opposant au tuteur une fin de non-procéder basée sur le défaut d'autorisation (2).

S'il s'agit de défendre à une action au nom du mineur, le tuteur n'a pas besoin d'autorisation : il en sera de même s'il s'agit de relever appel d'un jugement rendu contre le mineur défendeur. L'appel, dans ce cas, bien que constituant une instance nouvelle, n'est en effet que la continuation de la défense (3).

En cas d'opposition d'intérêts entre le tuteur et le mineur, nous avons vu que c'est le subrogé tuteur qui

(1) Bordeaux, 20 août 1833. S. 1834, 2, 204.
(2) Dans la pratique, les tribunaux fixent au tuteur un délai pour se pourvoir de l'autorisation nécessaire, faute de quoi son appel sera déclaré irrecevable. Rien dans la loi n'autorise à agir ainsi. Nous croyons cependant que c'est là une mesure équitable : les tiers ne sauraient s'en plaindre, et tout en sauvegardant leurs droits, elle prend en considération les intérêts des mineurs. L'article 464 du Code civil n'exigeant pas une autorisation préalable, nous croyons que c'est à bon droit qu'on regarde comme suffisante l'autorisation qui intervient au cours de l'instance.
(3) Cass., 1er juillet 1873. S. 1874, 1, 17.

représente le mineur. Le tuteur peut cependant, malgré cette opposition d'intérêts, interjeter appel d'un jugement rendu contre le mineur. C'est que le tuteur représente complètement le mineur, et bien que son intérêt soit contraire à celui du mineur, on le considère comme capable d'accomplir un acte dans l'intérêt de celui-ci.

Mais ordinairement, quand les intérêts du mineur sont en opposition avec ceux du tuteur, le subrogé tuteur agit au nom du mineur, et interjette appel en son nom. (Art. 420 C. c.)

En dehors du cas où il y a opposition d'intérêts entre le tuteur et le mineur, nous n'hésitons pas à refuser au subrogé tuteur le droit de former appel concurremment avec le tuteur, c'est-à-dire d'agir au nom du mineur. On objecte l'article 444 du code de procédure civile. Il est vrai que cet article prescrit de signifier le jugement au subrogé tuteur, mais cette signification n'a point pour effet de donner au subrogé tuteur le droit d'appel; elle est prescrite uniquement dans le but de faciliter sa mission de surveillance sur l'administration du tuteur, et saisir au besoin le conseil de famille de la question de l'appel, en cas de négligence de la part de celui-ci (1).

Le subrogé tuteur, puis le conseil de famille, pourront mettre le tuteur en demeure d'interjeter appel, et faute par le tuteur de le faire, sa responsabilité sera engagée. Mais dans aucun cas, excepté dans celui d'une opposition d'intérêts, le subrogé tuteur n'aura qualité pour interjeter

___

(1) *Sic*, Nancy, 17 juillet 1886. S. 1886, 2, 233. — Laurent, t. V, n° 104. — *Contra*, Aubry et Rau, t. I, p. 478 texte et note 20.

appel. Nous ne croyons même pas qu'il puisse faire appel par mesure conservatoire, car le droit d'appeler existe ou n'existe pas pour lui, et comme il n'a été consacré par aucun texte, il ne peut naître d'une prétendue négligence de celui qui a qualité pour agir, autrement on tomberait en plein arbitraire. Et le conseil de famille ne pourrait pas non plus, en se fondant sur la négligence du tuteur, confier au subrogé tuteur le soin d'appeler. La seule garantie du mineur, dans ce cas, nous semble résider, en effet, dans la responsabilité du tuteur (1).

Telle est, croyons-nous, la solution qui doit découler de l'article 420 du code civil.

Nous savons qui doit faire appel au nom du mineur ; mais à partir de quel moment le délai de deux mois pour faire appel courra-t-il utilement contre le mineur ?

Ce délai de deux mois court à partir de la signification du jugement, et il court même contre les mineurs. Toutefois, la loi leur accorde une certaine garantie en décidant que le délai d'appel ne courra contre eux, qu'après une double signification tant au tuteur qu'au subrogé tuteur, de sorte que la déchéance du droit d'appeler ne peut être encourue par le mineur, pendant sa minorité, qu'à dater de cette double signification. La signification au tuteur seul, et l'expiration du délai de deux mois après cette signification, ne ferait donc pas courir le délai d'appel. (Art. 444 C. pr. c.)

Si le mineur plaide contre son tuteur, il est représenté par le subrogé tuteur : sera-t-il, dans ce cas, privé de la

(1) Voir la note de la page précédente.

double signification prescrite par l'article 444 ? Comme
nous l'avons vu, en étudiant l'opposition d'intérêts entre
le tuteur et le mineur, il y a lieu dans ce cas à la nomination d'un subrogé tuteur *ad hoc* qui remplira la mission
de surveillance incombant ordinairement au subrogé tuteur ; la double signification prescrite par l'article 444 sera
donc faite au subrogé tuteur et au subrogé tuteur *ad hoc*.
Cet article prescrivant, comme mesure de garantie à l'é-
gard du mineur, une double signification des jugements
rendus contre lui, il serait inadmissible que le mineur
fût privé de cette garantie, précisément au moment où son
protecteur ordinaire lui fait défaut (1).

La disposition de l'article 444, étant générale, s'applique
à toutes les hypothèses qui ne sont pas régies par des
règles spéciales. C'est ainsi qu'elle s'applique aux jugements rendus à la requête du tuteur demandant la réduc
tion de l'hypothèque légale qui grève ses biens au profit
du mineur. On l'a contesté, et on a dit que les articles
2143 et 2145 du Code civil ont établi en cette matière une
procédure spéciale qui offrait assez de garantie pour le
mineur, par suite de la présence du ministère public,
pour qu'on pût, dans ce cas, se dispenser des formalités
de l'article 444 du code de procédure. Mais cet article
444 étant postérieur en date aux articles 2143 et 2145,
nous croyons qu'il doit recevoir son entière application,
d'autant plus qu'il est parfaitement conciliable avec ces
dispositions du code civil, qui ne font qu'appliquer le
droit commun, puisque l'action dirigée par le tuteur en

(1) Cass., 3 décembre 1889. D. 1890, 1, 21.

opposition d'intérêts avec le mineur, l'est contre le subrogé tuteur (art. 420 et 2143 C. c), et que le ministère public est entendu dans toutes les causes intéressant les mineurs. (Art. 83, sixième alinéa, C. pr. c.)

L'article 444 C. pr. c. ne s'appliquerait pas au contraire en matière d'ordre, où les délais d'appel courent contre les jugements après une simple signification à avoué, même quand ce sont des mineurs qui sont en cause

Du principe qu'il y a lieu à une double signification pour faire courir le délai d'appel contre les mineurs, nous pouvons tirer les conséquences suivantes :

Si les deux significations ont été faites régulièrement, mais à quelques jours d'intervalle, le délai d'appel ne commencera à courir qu'à dater de la seconde.

Si, au contraire, l'une d'elles a été omise, le délai ne courra pas pendant toute la durée de l'incapacité, et nous ne croyons même pas qu'il puisse commencer à courir du jour de la majorité du mineur sans qu'il lui soit fait une nouvelle signification, car il peut très bien ignorer le jugement dont il s'agit et par suite se trouver dans l'impossibilité de le frapper d'appel (1).

Au cas où il s'agirait d'un interdit, et où l'adversaire aurait omis l'une des significations, une simple signification à l'interdit ne pourrait faire courir le délai d'appel qu'à dater de la levée de l'interdiction.

Nous avons vu qu'en cas d'opposition d'intérêts entre le tuteur et le mineur, il faut faire l'une des significations à un subrogé tuteur *ad hoc*, il en est de même au cas d'op-

---

(1) *Sic*, Bioche, n° 359. — Bastia, 16 juin 1890. D. 1892, 2, 344.

position d'intérêts entre le mineur et le subrogé tuteur (1).

Tel est le champ d'application de l'article 444 du code de procédure en ce qui concerne le délai d'appel.

Il s'applique à toute tutelle ordinaire, mais non aux tutelles spéciales. Ainsi il ne s'appliquerait pas en matière de désaveu, et l'unique signification, faite au tuteur *ad hoc*, suffirait pour faire courir le délai d'appel contre l'incapable. (Art. 318 C. c.)

De même, l'administration légale n'étant pas une tutelle, et ne comportant pas de subrogé tuteur, la simple signification au père, administrateur légal, fait courir le délai d'appel.

En cas d'opposition d'intérêts entre le mineur et le père, administrateur légal, une signification à l'administrateur *ad hoc* est suffisante.

· *Enfants assistés.* — Les enfants assistés sont en tutelle, et c'est l'administrateur des hospices qui est leur tuteur. Mais c'est là encore une tutelle spéciale qui, dans le silence de la loi du 15 pluviôse an XIII, ne comporte pas de subrogé tuteur, et le délai d'appel d'un jugement rendu contre un mineur non émancipé assisté, court à partir de la simple signification faite à l'administrateur de l'hospice chargé de la tutelle de l'enfant (2).

§ 2. — Mineurs émancipés.

Le mineur émancipé exerce lui-même ses actions judi-

(1) Cassation, 23 février 1892. S. 1892, 1, 188.
(2) Poitiers, 8 décembre 1884. S. 1885, 2, 164.

ciaires. Il exerce seul tant en demandant qu'en défendant toutes les actions mobilières et possessoires. Au contraire, il lui faut l'assistance de son curateur pour intenter une action immobilière, une demande en partage, ou une action concernant son état et sa capacité, et pour défendre à ces mêmes actions.

Ce sont ces mêmes principes qu'il faut appliquer pour déterminer sa capacité au sujet de l'appel.

Le mineur émancipé pourra donc interjeter seul appel en matière mobilière, ou en matière possessoire, et suivre seul sur son appel ; de même s'il est intimé, il pourra défendre sans l'assistance de son curateur.

S'il s'agit, au contraire, d'une action immobilière, ou d'une action en partage, ou d'une action concernant son état ou sa capacité, le mineur émancipé aura besoin de l'assistance de son curateur, pour y figurer soit comme appelant, soit comme intimé.

Quant au délai d'appel, il court contre le mineur émancipé, en matière mobilière ou possessoire, par la seule signification du jugement au mineur.

Au contraire, dans toute autre matière il ne courra contre le mineur émancipé que par une double signification tant au mineur émancipé qu'à son curateur. Le législateur a, en effet, exigé l'assistance du curateur pour que le mineur pût agir dans ces actions qui sont les plus importantes : il faut donc que les jugements rendus contre le mineur soient signifiés au curateur, afin que celui-ci puisse l'assister et lui conseiller d'interjeter appel, si l'intérêt du mineur l'exige.

Mais c'est le mineur émancipé qui agit lui-même avec

cette assistance, et le curatenr ne pourrait pas interjeter appel aux lieu et place du mineur.

§ 3. — Prodigues et faibles d'esprit.

Les prodigues et les faibles d'esprit ne peuvent plaider sans l'assistance d'un conseil judiciaire. (Art 499 et 513.) Cette règle étant générale et s'appliquant à toutes les instances mobilières ou immobilières, comme d'autre part l'appel constitue une instance différente, il faut décider que ces incapables ne peuvent pas interjeter appel sans l'assistance de leur conseil judiciaire (1).

La majorité des auteurs et de la jurisprudence décident cependant, en sens contraire, que l'individu pourvu d'un conseil judiciaire peut appeler sans l'assistance de son conseil (2). Dans cette opinion, on considère l'appel comme un acte conservatoire que le prodigue et le faible d'esprit peuvent faire seuls, sauf à obtenir ensuite l'assistance de leur conseil pour suivre sur l'appel ainsi formé.

Quant à nous, malgré le caractère conservatoire de l'appel, nous ne pouvons reconnaître à l'individu pourvu d'un conseil judiciaire la capacité de le faire seul. Les articles 499 et 513 du code civil frappent, en effet, le prodigue et le faible d'esprit d'une incapacité absolue de plaider seuls. Or, l'acte d'appel devant contenir assignation à comparaître devant la juridiction supérieure (art. 456 C. pr. c.), ces incapables en interjetant appel ne feraient autre chose

(1) Demolombe, t. VIII, n° 754. Paris, 22 décembre 1862. S. 1863, 2, 30.

(2) Cass., 12 août 1868. S. 1868, 1, 429.

qu'introduire une instance, ce qui dépasse leur capacité.
Leur permettre de former cet appel serait, ce nous semble,
aller contre le but du législateur, qui a voulu les protéger
contre les dissipations inutiles qu'ils pourraient faire de
leur fortune ; il ne faut pas perdre de vue, qu'une fois
l'appel formé, l'intimé peut poursuivre l'instance, de sorte
que l'appelant est exposé à payer les nouveaux dépens, à
moins que l'intimé n'accepte un désistement dont les frais
seront encore à la charge de l'appelant.

Nous croyons donc que l'individu pourvu d'un conseil
judiciaire ne peut pas faire appel, même à titre conservatoire.

Il faudrait toutefois faire exception pour le jugement
qui l'a pourvu d'un conseil, car on ne peut pas dire qu'il
soit incapable, tant qu'il n'est pas définitivement jugé qu'il
y a lieu de lui interdire de plaider.

Ce que nous disons de l'appel, c'est-à-dire du rôle de
l'individu pourvu d'un conseil judiciaire pris comme
appelant, s'applique au cas où il serait simplement intimé;
même dans ce cas il devrait être assisté de son conseil. et
l'appel, pour être régulier, devrait être adressé par copies
séparées à l'incapable et à son conseil, car les articles 499
et 513 ne distinguent pas entre la demande et la défense (1).

§ 4. — Aliénés non interdits internés d'après la loi du 30 juin 1838.

La loi du 30 juin 1838 ayant donné à un mandataire
spécial, désigné par le tribunal, le soin de représenter en

(1) Demolombe, t. VIII, n° 754. — Aubry et Rau, t. I, p. 570.

justice tout individu non interdit mais retenu dans un établissement d'aliénés, c'est à ce mandataire qu'appartiendra
exclusivement le droit d'interjeter appel au nom de
l'aliéné.

Mais faut-il considérer le mandat donné pour plaider en
première instance comme suffisant pour plaider en appel ?
Nous ne le pensons pas. Pour déterminer les pouvoirs de
ce mandataire *ad litem*, nous croyons qu'il faut faire l'application pure et simple de l'article 33 de la loi du 30 juin
1838, combiné avec les principes de l'appel. Or, il ressort
des termes de cet article 33, que le mandat *ad litem* est
spécial, et que ce mandat n'est donné, lorsqu'il s'agit de se
porter comme demandeur, que dans les cas d'urgence,
expression qui nous semble exclusive du droit de faire
appel après le mandat donné pour plaider en première
instance.

Il est vrai qu'aux termes de cet article 33, le tribunal est
obligé de désigner un mandataire *ad litem* pour représenter l'aliéné défendeur, et par conséquent l'aliéné intimé ;
mais encore faut-il que ce mandataire soit désigné. Le mandataire, qui a été désigné en première instance, peut ne plus
convenir pour suivre le procès en appel ; aussi croyons-
nous que le tribunal doit désigner à nouveau un mandataire, et que, par conséquent, le mandat *ad litem* est spécial
et doit être renouvelé en appel.

La jurisprudence la plus récente paraît en sens con-
traire(1). Elle semble considérer le mandat *ad litem* comme
un pouvoir comportant le droit de suivre l'instance, en vue

(1) Paris, 15 décembre 1891. S. 1895, 2, 37.

de laquelle il a été donné, devant tous les degrés de juridiction, soit en interjetant appel du jugement rendu, soit en défendant sur cet appel.

Il faut remarquer toutefois que, dans l'espèce sur laquelle a statué cet arrêt de la Cour de Paris, le tribunal de première instance avait accordé au mandataire *ad litem* le droit de suivre le procès même en appel. Il est évident que dans ce cas le mandataire pouvait interjeter appel sans mandat nouveau. Mais à défaut d'un mandat ainsi étendu, nous croyons que l'article 33 n'a en vue qu'un mandat limité à une seule instance, parce que le tribunal doit être mis à même d'apprécier l'opportunité de l'appel, et même d'examiner l'état du procès pour désigner un mandataire capable de le continuer au mieux des intérêts de l'incapable, soit comme appelant, soit comme intimé (1).

§ 5. — Femmes mariées.

Nous avons à étudier successivement l'autorisation et la représentation de la femme mariée.

I. *Autorisation de la femme mariée.*

I. *Femme appelante.* — La femme qui veut interjeter appel d'un jugement, sous quelque régime qu'elle soit mariée, doit être autorisée de son mari ou de justice, car appeler c'est plaider.

Si l'autorisation donnée à la femme a spécifié qu'elle

(1) Caen, 30 décembre 1857. S, 1858, 2, 625.

n'était autorisée qu'en première instance, il est évident qu'il lui faudra une nouvelle autorisation pour faire appel. Si, au contraire, l'autorisation lui a été donnée pour conduire le procès jusqu'à épuisement de juridiction, elle pourra appeler sans nouvelle autorisation, car celle qui lui a été donnée est relative à un procès déterminé et ne peut être considérée comme générale.

Mais supposons que l'autorisation soit donnée sans spécifier devant quelle juridiction la femme est autorisée à plaider. L'autorisation donnée pour plaider en première instance est-elle suffisante pour habiliter la femme à plaider en appel? Nous ne le pensons pas, car l'appel forme une instance différente pour laquelle une nouvelle autorisation est nécessaire (1). Et nous croyons qu'il en doit être ainsi qu'elle soit donnée par le mari ou par justice (2).

La jurisprudence admet assez facilement que la femme demanderesse, qui a succombé en première instance, a besoin d'une autorisation nouvelle pour interjeter appel, mais par contre elle décide que si la femme était défenderesse en première instance, l'appel qu'elle interjette n'étant que la continuation de la défense, elle n'a pas besoin d'être autorisée pour le former (3).

Mais cette décision ne nous paraît pas fondée, car s'il est

(1) Aubry et Rau, t. I, p. 139. — Cass., 22 janvier 1879. S. 1879, 1, 252.

(2) Sic, Cass., 18 août 1857. S. 1859, 1, 253. — Contra, Chambéry, 19 mars 1888. S. 88, 2, 195.

(3) Cass., 2 juillet 1878. S. 1878, 1, 341.

vrai que l'appel n'est que la continuation de la défense dans ce cas, il n'en constitue pas moins une nouvelle instance, et la femme a besoin d'une nouvelle autorisation pour chaque instance, à tous les degrés de juridiction.

A plus forte raison repoussons-nous l'opinion de M. Demolombe qui considère l'autorisation donnée pour plaider en première instance comme suffisante pour plaider en appel, parce que l'appel n'est que la suite ordinaire du procès, suite que le mari a dû prévoir en autorisant sa femme (1).

Il est vrai que le mari doit prévoir en donnant son autorisation que le procès pourra aller en appel. Mais faire appel, et suivre sur cet appel, c'est ester en jugement. Or, le sens de l'article 215 nous semble être que la femme a besoin d'une autorisation pour suivre une instance, quelle qu'elle soit, à l'effet d'obtenir une décision judiciaire.

Une fois cette décision obtenue, l'autorisation n'a plus aucune valeur, et si la femme veut faire appel, « ester de nouveau en jugement », il lui en faut une nouvelle.

II. *Femme intimée.* — Nous basant sur la spécialité de l'autorisation de plaider donnée soit par le mari, soit par la justice, et sur ce que l'appel constitue une instance distincte, nous en exigeons toujours une nouvelle pour que la femme puisse plaider comme intimée, qu'elle ait été demanderesse ou défenderesse en première instance.

Cependant on décide généralement que la femme intimée n'a pas besoin d'autorisation pour défendre sur

(1) Demolombe, t. IV, nº 287.

l'appel (1). On appuie cette décision sur ce motif que le mari qui a autorisé sa femme à plaider, a certainement entendu l'autoriser à défendre la décision favorable qu'elle a obtenue en première instance.

Nous ne pouvons nous rallier à cette opinion, car, outre que le procès peut se présenter sous un jour plus défavorable en appel qu'en première instance, et que la femme, à raison de son incapacité, ne peut pas être juge du point de savoir s'il y a lieu de faire appel incident, l'instance, qui va être la conséquence de l'appel, constitue une instance distincte de la première, ce qui rend indispensable une nouvelle autorisation.

II. *Représentation de la femme mariée.*

Si les époux sont mariés sous le régime de la communauté, le mari, ayant pleins pouvoirs pour administrer les biens, appelle seul des jugements rendus au sujet des biens communs (art. 1421 C. c.); il appelle aussi seul des jugements rendus sur les actions mobilières et possessoires relatives aux propres de sa femme.

Il en est ainsi des appels de tous les jugements rendus, non seulement à propos des biens communs, mais encore de ceux concernant les fruits et revenus, intérêts et arrérages, de quelque nature qu'ils soient, échus ou perçus pendant le mariage, et provenant des biens qui appartenaient aux époux lors de la célébration du mariage, ou de ceux qui leur sont échus pendant le mariage, à quelque titre que ce soit. (Art. 1401 C. c.)

(1) Cass., 25 février 1879. S. 1879, 1, 273.

Le mari peut figurer seul dans toutes les instances introduites sur ces appels, non seulement comme appelant, mais aussi comme intimé.

Au contraire, les actions concernant les propres immobiliers de la femme, ne peuvent être exercées que par celle-ci, avec le concours de son mari, et par suite l'appel ne peut être interjeté que par la femme assistée de son mari, ou suivi que contre eux deux. La femme, propriétaire de ses biens immobiliers, a l'exercice de ses actions immobilières, puisque ce droit n'appartient pas au mari (art. 1428, troisième alinéa); mais celui-ci concourt à l'exercice de ses actions comme chef de la communauté ayant l'usufruit des biens qui en font l'objet.

Dans la pratique, la jurisprudence se montre assez facile sur le point de savoir si l'appel a bien été interjeté par le mari et par la femme. Ainsi, elle regarde comme interjeté au nom de la femme, l'appel qui a été interjeté par le mari agissant tant en son nom personnel que pour autoriser sa femme. Cette formule est considérée comme impliquant virtuellement que c'est la femme elle-même qui est appelante, parce que le concours donné par la femme à son mari, est réputé acquis pour toute la durée du procès, et il n'a pas besoin d'être renouvelé en appel (1).

Mais s'il s'agissait, au contraire, d'un jugement rendu contre la femme avant son mariage, le mari ne pourrait pas en appeler personnellement, parce qu'il n'a pas été partie en première instance ; il pourrait seulement figurer en appel comme assistant et autorisant sa femme.

(1) Poitiers, 2 décembre 1852. D. 1855, 5, 20.

La femme peut refuser de se pourvoir contre un jugement qui la condamne ; le mari ne peut cependant pas
interjeter appel de ce jugement, s'il concerne les droits
immobiliers de la femme. Et au cas où le mari aurait
interjeté appel, cet appel étant nul par suite du défaut de
qualité de l'appelant, la femme ne pourrait pas, après
l'expiration du délai imparti pour le former, s'approprier
l'appel ainsi interjeté par son mari.

Sous le régime dotal, le mari seul a l'administration des
biens dotaux, et comme conséquence, il a seul l'exercice des
actions mobilières et immobilières, l'article 1549, deuxième
alinéa, lui donnant plus de pouvoirs sous ce rapport qu'au
mari commun en biens. Il figure donc seul, soit comme
appelant, soit comme intimé, dans les actions concernant
les biens de la femme dotale.

Il n'y a d'exception à cette règle que pour les actions en
partage de biens dotaux (art. 818 C. c.), pour l'expropriation forcée d'un immeuble dotal (art. 2208, alinéa 2, C. c.),
et pour l'expropriation pour cause d'utilité publique (arg.
art. 15, 25, 28, Loi du 3 mai 1841) qui sont poursuivies contre
la femme et le mari. La conséquence, c'est que l'appel ne
pourra être interjeté que par le mari et la femme, ou suivi
que contre eux deux.

Au cas de séparation de biens judiciaire ou contrac-
tuelle, la femme exerce seule ses actions judiciaires : elle
interjette seule appel, et peut figurer comme appelante ou
comme intimée ; mais il lui faut l'autorisation de son
mari ou de justice.

Si, au contraire, la femme est séparée de corps, elle peut

figurer seule comme appelante ou comme intimée, car la loi du 6 février 1893 lui a rendu le plein exercice de sa capacité, et elle peut ester en jugement sans recourir à l'autorisation de son mari ou de justice.

———

CHAPITRE PREMIER

TIERCE OPPOSITION

La tierce opposition est la voie de recours qu'une personne emploie contre un jugement qui lui est préjudiciable et auquel elle n'a pas été partie.

Cette voie de recours est interdite aux personnes qui ont été parties au jugement attaqué, par elles-mêmes ou par leurs représentants.

Il faut considérer comme parties au jugement : tous ceux qui ont figuré dans l'instance, soit comme demandeurs, soit comme défendeurs, soit comme intervenants, alors même qu'ils auraient été jugés par défaut, ou qu'ils n'y auraient figuré que d'une façon irrégulière, par exemple en plaidant par eux-mêmes alors que leur représentant avait seul qualité pour agir, en plaidant sans s'être munis d'une autorisation, ou en continuant à plaider seuls bien que devenus incapables au cours du procès. Toute personne déboutée d'une voie de recours donnée aux parties, par le motif qu'elle a la qualité de tiers, peut former tierce opposition.

La tierce opposition est principale ou incidente, suivant qu'elle se forme par action principale en dehors de toute instance, ou au cours d'une instance, soit par exploit d'ajournement, soit par acte d'avoué. C'est une voie de recours non seulement contre les jugements, mais encore contre les arrêts.

Malgré le caractère spécial de la tierce opposition incidente, qui constitue alors une véritable défense, nous croyons qu'il faut, pour la former, la même capacité que lorsqu'elle est principale, aussi ne distinguerons-nous pas, au point de vue du pouvoir ou de la capacité, entre la tierce opposition principale et la tierce opposition incidente.

La tierce opposition est une voie de recours extraordinaire contre une décision rendue en dehors de celui qui l'exerce, et l'exercice en est dangereux, puisqu'elle expose celui qui la forme témérairement à une amende et même à des dommages-intérêts (art. 479 C. pr. c.) ; aussi croyons-nous que, pour la former, les incapables et leurs représentants devront justifier des mêmes conditions de capacité et de pouvoir que pour introduire une instance.

§ 1. — Mineurs et Interdits.

Les mineurs et les interdits ne pouvant plaider par eux-mêmes, c'est leur tuteur qui forme tierce opposition en leur nom. Ce tuteur ne pourra former la tierce opposition en leur nom, que s'il s'agit d'un jugement auquel ces mineurs et interdits n'ont été parties ni personnellement, ni par ceux qu'ils représentent.

Ainsi il est certain qu'on ne peut former tierce opposition, au nom d'un mineur ou d'un interdit, contre un jugement auquel ils ont été représentés par leur tuteur. On ne le peut pas non plus lorsqu'il s'agit d'un jugement lors duquel le mineur, bien qu'incapable de figurer lui-même en justice, a été personnellement partie dans l'instance, ou d'un jugement rendu à la suite d'une instance dans laquelle un interdit avait continué de figurer malgré la prononciation de son interdiction.

C'est que, dans ces différents cas, la tierce opposition est formée au nom de ces incapables, en la même qualité que celle dans laquelle ils ont figuré au jugement entrepris. Ils ont été parties dans l'instance, ils ne pourront donc se pourvoir que par l'appel ou la requête civile.

La tierce opposition serait ouverte au contraire au mineur ou à l'interdit, qui auraient été représentés par tout autre que par leur tuteur (1).

Quant au pouvoir du tuteur pour introduire la tierce opposition, nous appliquerons les principes concernant l'introduction des instances, c'est-à-dire que pour former une tierce opposition, en toute autre matière qu'en matière mobilière et possessoire, le tuteur aura besoin de l'autorisation du conseil de famille.

Mais le père, administrateur légal, peut former une tierce opposition en quelque matière que ce soit sans autorisation.

§ 2. — Mineurs émancipés.

Le mineur émancipé peut former tierce opposition aux jugements auxquels il n'a pas été représenté avant

(1) Garsonnet, t. V, p. 756, note 20.

son émancipation, et à ceux auxquels il n'a pas été partie depuis son émancipation.

Le mineur émancipé n'étant pas frappé d'une incapacité absolue, il faudrait le considérer comme partie, et par conséquent il ne pourrait pas former tierce opposition aux jugements rendus contre lui en matière immobilière, sans l'assistance de son curateur. Il ne pourrait se pourvoir contre les jugements ainsi rendus que par la requête civile comme n'ayant pas été défendu. (Art. 481 C. pr. c.) (1).

Toutefois si un tel jugement ne peut pas être attaqué par le mineur émancipé par la tierce opposition, nous croyons que le curateur peut user de la tierce opposition contre le jugement rendu en matière immobilière contre le mineur émancipé non assisté. L'article 471 C. pr. c. donne. en effet, le droit de former tierce opposition à la partie qui n'a pas été appelée à un jugement, sans distinguer si elle devait y être appelée comme partie principale ou seulement aux fins d'assister une autre partie. Nous croyons d'autant mieux que le curateur peut user de cette voie de recours qu'il a intérêt à faire tomber le jugement, car on peut le rendre responsable de n'avoir pas surveillé le mineur émancipé et de l'avoir laissé plaider sans assistance.

§ 3. — Prodigues et faibles d'esprit.

Les prodigues et les faibles d'esprit ne sont pas représentés, mais seulement assistés. Ils ne pourront donc faire

(1) Garsonnet, t. V, § 1099.

opposition qu'aux jugements dans lesquels ils n'auront pas été personnellement parties, et d'après le droit commun à tous les jugements dans lesquels leurs auteurs n'auront pas été parties.

Si le conseil judiciaire avait plaidé seul, au nom de l'individu qui en est pourvu, cet incapable pourrait former tierce opposition contre ce jugement avec l'assistance de son conseil.

Mais dans le cas contraire, où c'est l'incapable qui aurait figuré seul dans une instance, il serait considéré comme partie et ne pourrait user de la tierce opposition. Toutefois nous croyons que le conseil judiciaire, qui aurait dû être partie au procès pour assister le prodigue ou le faible d'esprit, pourrait attaquer par tierce opposition la décision rendue contre l'incapable seul. Il le pourrait, car il y a intérêt, et l'article 474 ne paraît pas l'exclure du droit de la former.

§ 4. — Aliénés non interdits internés d'après la loi du 30 juin 1838.

C'est un mandataire spécial qui forme tierce opposition contre tous les jugements auxquels l'aliéné aurait dû être appelé, ou contre ceux dans lesquels l'aliéné n'a pas été régulièrement représenté.

Ce mandataire peut faire tomber tous les jugements rendus contre l'aliéné, et dans lesquels celui-ci aurait été représenté par l'administrateur provisoire, au lieu de l'avoir été par un mandataire *ad litem* désigné par le tribunal.

§ 5. — Femmes mariées.

I. *Autorisation de la femme mariée.* — La tierce opposition constituant une instance nouvelle, la femme mariée, en vertu du principe de la spécialité de l'autorisation de plaider, devra obtenir une nouvelle autorisation pour la former.

Au cas où la femme aurait introduit une instance sans autorisation, elle devrait être considérée comme partie dans l'instance ainsi introduite, car si elle voulait l'attaquer, ce ne serait qu'en la même qualité que celle dans laquelle elle y a déjà figuré. Ce n'est donc que par l'appel ou par le pourvoi en cassation qu'elle pourrait se prévaloir de son défaut d'autorisation. Mais le mari pourrait attaquer par la tierce opposition le jugement dans lequel sa femme aurait figuré sans autorisation, car il y a au moins un intérêt moral, et s'il ne devait pas être appelé comme partie principale, il devait l'être, du moins, comme partie intervenante, pour autoriser sa femme. (Art. 474 C. pr. c.)

II. *Représentation de la femme mariée.* — Le mari représentant la femme dans toutes les actions concernant la communauté, dans les actions mobilières et possessoires relatives aux propres de la femme, sous le régime de la communauté, et dans toutes les actions mobilières et immobilières sous le régime dotal, celle-ci ne pourra pas se pourvoir par voie de tierce opposition contre les jugements rendus en ces matières avec son mari.

On a soutenu que la femme ne pourrait même pas se pourvoir par tierce opposition, dans le cas de collusion entre le mari et les tiers, parce que la femme a été représentée au procès et qu'elle doit être considérée comme y ayant été partie. Nous croyons cependant, avec MM. Aubry et Rau, que la tierce opposition est permise à la femme dans ce cas, car il y a eu fraude entre le mari et les tiers, et en cas de fraude il est admis qu'il y a exception à toutes les règles.

Si, au contraire, en l'absence de la femme, le mari avait exercé une action pétitoire immobilière de sa femme commune en biens, celle-ci pourrait attaquer par la tierce opposition le jugement rendu en son absence, parce que le mari n'ayant pas qualité pour la représenter dans une telle instance, elle est un tiers à l'égard du jugement rendu en son absence (1).

Réciproquement, le mari aura la tierce opposition, si la femme a plaidé seule sur une action pétitoire immobilière relative à un de ses propres. Le mari est intéressé au procès, comme chef de la communauté usufruitière des biens de la femme, et, comme il n'a pas été partie au jugement, il peut l'attaquer par la tierce opposition.

(1) Paris, 23 mars 1872. D. 1872, 2, 169.

CHAPITRE II

La requête civile est une voie extraordinaire de recours, qui a pour but de faire rétracter en totalité ou en partie un jugement en dernier ressort, ou un arrêt soit contradictoire, soit par défaut, mais non susceptible d'opposition.

Cette voie de recours s'applique aux arrêts des cours d'appel, aux jugements des tribunaux civils et de commerce, aux sentences arbitrales. (Art. 1026 C. pr. c.) Toutefois, on admet qu'elle ne s'applique pas aux décisions des juges de paix, à raison des formes compliquées et des frais considérables qu'entraîne cette procédure. Et comme c'est une voie de recours extraordinaire, elle ne peut être employée qu'à défaut de toute autre, lorsqu'il n'y a pas de voie de recours ordinaire ouverte contre la décision qu'on veut attaquer. C'est ainsi que la requête civile ne serait pas recevable contre un jugement dont on n'a pas fait appel, en laissant les délais s'écouler.

La partie qui veut user de la requête civile, fait valoir devant le tribunal qui a rendu la décision attaquée ses moyens de requête civile, c'est le rescindant, parce que le jugement qui intervient, s'il admet la requête civile, rétracte le jugement attaqué et met les parties dans le même état où elles étaient avant ce jugement. Puis on plaide sur le rescisoire, c'est-à-dire sur la contestation principale, pour faire juger à nouveau.

Comme pour toutes les voies extraordinaires de recours, la loi a déterminé les cas dans lesquels il peut y avoir lieu à requête civile.

Ce sont les articles 480 et 481 du code de procédure civile qui nous les indiquent.

L'article 480 énumère dix causes différentes de requête civile. Cet article est général dans son application, et peut être invoqué par toute partie ayant été en cause, quelles que soient sa qualité et sa capacité.

L'article 481 au contraire est spécial à certains incapables, et ne peut être invoqué que par eux ou leurs représentants.

En matière de requête civile, c'est le droit commun qui continue de recevoir son application, quant à la capacité des personnes, pour introduire l'instance.

En vertu du principe qui domine la théorie de l'exercice des actions en justice : « point d'intérêt, point d'action, » il faut avoir intérêt à l'annulation d'un jugement ou d'un arrêt pour introduire la requête civile. Il faut, en outre, aux termes du premier alinéa de l'article 480, avoir été partie, ou dûment appelé au procès.

Ces deux conditions remplies, les incapables ou leurs représentants peuvent exercer la requête civile, en se conformant aux principes que nous avons déjà exposés en étudiant l'introduction des demandes en justice. Et comme la requête civile est une voie de recours extraordinaire, il faut la considérer comme une instance nouvelle, de sorte qu'il faudra un pouvoir nouveau pour l'exercer.

§ 1. — Mineurs et Interdits.

Les mineurs et les interdits sont incapables de plaider et ne peuvent se pourvoir par eux-mêmes par requête civile. Leur tuteur les représente et agit seul en leur nom en matière mobilière et possessoire.

Au contraire, si la décision contre laquelle le tuteur veut se pourvoir par requête civile au nom du mineur a été rendue en toute autre matière, il faut au tuteur une autorisation du conseil de famille pour la former. Et cette autorisation nous semble indispensable, que le mineur ait été primitivement demandeur ou défendeur. La requête civile ne doit pas en effet, comme l'appel, être considérée comme la continuation de la défense.

La requête civile, étant une voie extraordinaire de recours, constitue une instance nouvelle. Bien plus, c'est une instance introduite sur une question que les juges ont déjà examinée, et qui a été tranchée contre celui qui l'introduit. En outre, la procédure de requête civile est très coûteuse. Toutes ces considérations conduisent à décider que le tuteur qui voudra agir en requête civile sera obligé d'obtenir une autorisation du conseil de famille dans les matières où la loi en exige une. (Art. 464 et 465 C. c.)

L'article 480, premier alinéa, donne ouverture à requête civile en cas de dol personnel. Mais le délai de deux mois, dans lequel elle devra être formée, ne courra, contre les mineurs et les interdits auxquels le jugement ou l'arrêt auront été préalablement signifiés, que du jour où ils auront acquis la connaissance de ce dol depuis leur majorité, ou depuis la mainlevée de leur interdiction. (Art. 481 C. pr. c.)

Comme nous le verrons, en effet, les mineurs, et les interdits qui leur sont assimilés en ce qui concerne leur personne et leurs biens, jouissent d'un délai de faveur. Et quand li s'agit de dol, il est de principe que cette cause de nullité ne peut être invoquée qu'à partir de la découverte du dol.

L'article 480, deuxième alinéa, qui permet de se pourvoir par requête civile, pour violation des formes prescrites à peine de nullité, peut donner lieu à une difficulté d'interprétation au sujet de son application. En effet, aux termes du décret des 27 novembre-1er décembre 1790, et de la loi du 20 avril 1810, il y a ouverture à cassation dans les mêmes hypothèses. On peut donc se demander quand il faudra avoir recours à la requête civile, et quand, au contraire, on devra user du pourvoi en cassation. Nous croyons que la difficulté doit se résoudre en se fondant sur le caractère de chacune de ces voies de recours. Ainsi la requête civile étant une voie de rétractation, il faudra l'employer lorsqu'il y a eu une nullité de forme sur laquelle le juge n'a pas été appelé à statuer ; alors cette nullité pour raêtre dénoncée au juge, qui sera mis à même de revenir sur la décision attaquée. Au contraire, si le moyen de nullité, résultant de la violation d'une formalité, a été proposé, et qu'il ait été rejeté, c'est par le recours en cassation qu'on devra se pourvoir.

Quant à la cause de requête civile indiquée dans l'article 480, huitième alinéa, et qui s'applique à tous les incapables dont nous étudions la situation juridique au point de vue des instances, elle a lieu lorsqu'il n'y a pas eu de communication au ministère public. Cette communication est bien exigée, aux termes de l'article 83, sixième alinéa, du code de procédure civile, dans toutes les causes concernant les incapables ; mais ceux-ci ne pourront se prévaloir de ce défaut de communication que dans les cas où la décision attaquée aura été rendue contre eux. (Art. 480, huitième alinéa.) On ne comprendrait pas, en effet, une voie de recours dirigée contre une décision favorable à celui qui l'attaque. Un tel pourvoi serait rejeté faute d'intérêt de la partie qui agit.

Pour ce qui concerne les autres cas de requête civile, il n'y a rien de spécial, dans leur application, aux incapables, sauf que ceux-ci doivent être représentés ou assistés conformément aux règles que nous avons déjà vues.

Mais où la matière de la requête civile se complique et devient délicate, c'est lorsqu'il s'agit de l'application de l'article 481.

Cet article ajoute deux causes de requête civile à celles énumérées par l'article 480. Il la permet aux mineurs « s'ils n'ont été défendus, ou s'ils ne l'ont été valablement ».

Ces deux causes de requête civile constituent une faveur particulière au profit de certains incapables qui, ne pouvant pas agir par eux-mêmes, se trouvent soumis à l'administration d'autrui. Cette faveur est fondée sur la crainte que l'administrateur ne remplisse pas son mandat avec diligence, et néglige la défense de ceux dont il doit surveiller les intérêts. Et comme les privilèges ne doivent pas être étendus au delà des hypothèses pour lesquelles ils ont été créés, il importe de définir les termes de cet article.

Que faut-il entendre par ces mots : « s'ils n'ont été défendus » ou « s'ils ne l'ont été valablement ? »

Il y a là une question de fait difficile à résoudre. Nous croyons toutefois qu'il faut se reporter, pour l'interprétation de cet article 481, à une disposition rapportée par M. Bigot de Préameneu lors de la discussion du code de procédure.

Il résulte de cette disposition, qui avait été rédigée pour faire partie de l'ordonnance de 1667 sur la procédure, que les mineurs sont réputés n'avoir pas été défendus, lorsqu'ils ont été jugés par défaut ou par forclusion ; et qu'ils sont réputés n'avoir pas été valablement défendus, quand les principales défenses de fait ou de droit ont été omises ; mais qu'il faut qu'il paraisse que l'omission de ces défenses ait donné lieu à ce qui a été jugé, ou qu'il aurait été jugé autrement, si les parties dont il s'agit avaient été défendues, ou si les défenses avaient été complètement fournies (1).

Ce projet d'article, qui avait été rédigé dans le but d'interpréter une disposition analogue à celle de l'article 481, est certainement une base sérieuse pour l'explication de cet article 481 ; mais nous croyons cependant qu'il n'est pas suffisant pour englober toutes les hypothèses de requête civile auxquelles doit s'appliquer ce texte.

(1) Carré-Chauveau, *Lois de la procédure*, quest. 1767.

Ainsi nous croyons qu'il y a lieu à requête civile, non seulement quand le mineur non émancipé a été condamné par défaut ou par forclusion, mais encore lorsqu'il a plaidé personnellement au lieu d'être représenté par son tuteur, car le mineur ne pouvant pas être considéré dans ce cas comme n'ayant pas été partie au procès, ne pourrait pas user de la tierce opposition (1). La requête civile lui serait ouverte parce qu'il est réputé n'avoir pas été défendu.

Il y a encore lieu à requête civile, si le mineur a été condamné par défaut, et que l'opposition n'ait pas été formée dans les délais voulus. Il y a, dans ce cas, une omission de défense qui suffit pour constituer, au profit du mineur, une ouverture à requête civile.

Le tuteur qui a plaidé sans autorisation, dans un cas où elle était requise, représente bien le mineur ; mais comme il a agi sans remplir les formalités que la loi a prescrites dans l'intérêt des mineurs, l'action a été introduite irrégulièrement au regard de l'incapable, et il faut regarder cette irrégularité comme constituant un défaut de défense, malgré les conclusions prises par le tuteur. Il y aura donc encore ouverture à requête civile dans ce cas.

Nous croyons qu'il faut en dire autant, par analogie, du mineur dont la mère tutrice a plaidé sans demander l'avis du conseil de tutelle, ou contre cet avis.

Le mineur dont le tuteur a été appelé au procès, et il faut en dire autant de tous ceux qui ont été représentés, doit être considéré comme ayant été partie à ce procès.

(1) Carré-Chauveau, quest. 1768, Garsonnet, t. V, § 1099.

Mais que faudrait-il décider, si le mineur avait été représenté au procès par un tuteur ayant des intérêts opposés aux siens ? Il semble que, dans ce cas, le mineur devrait être considéré comme irrégulièrement représenté, et comme n'étant pas partie au procès ? Il faut cependant dire que ce mineur a été partie au procès ; le tuteur avait le pouvoir de le représenter. Il est vrai qu'à raison de l'opposition d'intérêts qui existait, il aurait dû s'abstenir, mais il n'y a dans ce défaut d'abstention qu'une absence de défense qui donne ouverture à requête civile (1).

La requête civile doit être formée, en règle générale, dans les deux mois de la signification du jugement ou de l'arrêt. Mais la loi, dans l'article 481 C. pr. c , accorde un délai de faveur aux mineurs pour l'exercice de la requête civile, en décidant que le délai ne courra contre eux que du jour de la signification du jugement faite depuis leur majorité à personne ou à domicile.

Cette disposition de l'article 481 s'applique à tous les cas de requête civile, aussi bien à ceux de l'article 480 qu'à ceux de l'article 481.

Elle s'applique, non seulement aux mineurs, mais encore aux interdits qui leur sont assimilés (art. 509 C. c.). — Il faut cependant remarquer que, pour les interdits, le point de départ du délai de l'article 481 ne peut courir que du jour de la signification faite après que l'interdiction a cessé.

Quel est le motif de cette faveur? Pourquoi ne pas soumettre en matière de requête civile les mineurs au même délai que les majeurs, comme cela a lieu pour l'appel?

(1) Pau, 2 juillet 1840. *J. du P.*, 1841, 2, 120.

C'est qu'ici le subrogé tuteur ne peut pas protéger le mineur. C'est en vain qu'il est averti, par une signification, de l'existence du jugement susceptible d'être attaqué par requête civile, puisque tous les renseignements concernant le procès sont aux mains du tuteur.

La différence qui existe, au point de vue du délai, entre la requête civile et l'appel, tient à ce que la connaissance précise des cas de requête civile exige une étude approfondie de la procédure dont le subrogé tuteur n'est pas supposé capable. Mais cette même différence, qui existe entre la requête civile et le pourvoi en cassation, ne s'explique pas et ne peut être attribuée qu'à un défaut de concordance des textes, le décret du 2 brumaire an IV ayant abrogé le règlement du 2ᵉ juin 1738 qui suspendait le délai du pourvoi en faveur des mineurs et des interdits, tandis que l'article 184 continue de suspendre à leur profit le délai de la requête civile.

Quant à l'adversaire du mineur, on présume qu'il n'ignore point les causes de requête civile dont est susceptible le jugement rendu entre lui et l'incapable, aussi lui impose-t-on l'obligation de signifier ce jugement au mineur devenu majeur, ou à l'interdit dont l'interdiction a cessé. Et ce n'est qu'à partir de cette signification que court le délai de deux mois dans lequel doit être signifiée l'assignation en requête civile. A défaut de cette signification, le délai de requête civile s'étendrait jusqu'à trente ans·

§ 2. — Mineurs émancipés.

Le mineur émancipé, pouvant plaider seul en matière mobilière et possessoire, pourra agir également seul par voie de requête civile contre un jugement rendu en matière mobilière, ou en matière possessoire. Mais en toute autre matière, il devra être assisté de son curateur pour exercer cette voie de recours.

Il peut se prévaloir non seulement des causes de requête civile de l'article 480, mais encore de celles de l'article 481. Ce dernier article ne spécifiant pas de quels mineurs il entend parler, il faut l'appliquer même aux mineurs émancipés.

Il y a toutefois une distinction à faire dans l'application de ces deux articles.

Ainsi, les causes de requête civile énumérées dans l'article 480 s'appliqueront sans conteste à tous les jugements rendus contre le mineur émancipé, aussi bien en matière immobilière ou de partage qu'en matière mobilière.

Quant aux deux causes de requête civile visées dans l'article 481, elles s'appliqueront bien aux jugements concernant les actions immobilières, les actions en partage, et les actions relatives à l'état et à la capacité du mineur émancipé, actions pour lesquelles celui-ci a besoin de l'assistance de son curateur, mais elles ne s'appliqueront pas aux actions mobilières.

Le mineur émancipé est en effet pleinement capable, d'après nous, pour l'exercice de toutes les actions mobilières ; il en résulte que l'article 481, qui ne s'applique qu'aux incapables, ne pourra pas être invoqué par lui en matière mobilière. Au contraire, pour l'exercice des actions immobilières et des autres actions qui leur sont assimilées, le mineur émancipé ne peut agir qu'avec l'assistance de son curateur; à défaut d'une protection suffisante, il pourra donc se prévaloir de n'avoir pas été défendu, ou de ne l'avoir pas été valablement, pour faire tomber les jugements qui lui préjudicient.

Le mineur émancipé pourra user de la requête civile en vertu de l'article 481 quand il aura été jugé par défaut ou par forclusion, ou quand dans sa défense il aura été omis un moyen de fait ou de droit, dont la production aurait influé sur la décision intervenue. Il faudrait aussi considérer comme n'ayant pas été défendu le mineur émancipé qui a plaidé sans l'assistance de son curateur dans les cas où cette assistance était requise (1).

Quant au point de départ du délai pour agir en requête civile, nous croyons qu'il faut faire la distinction suivante :

En matière mobilière, le délai de deux mois courra contre le mineur, comme s'il était capable, à dater de la signification faite à personne ou à domicile.

Au contraire, en matière immobilière, le délai de l'article 481 s'applique au mineur émancipé, considéré comme incapable, et il ne courra qu'à dater de la signification du jugement faite à sa personne ou à son domicile depuis sa majorité.

§ 3. — Prodigues et faibles d'esprit.

Le prodigue et le faible d'esprit ne pouvant agir seuls en justice, auront besoin de l'assistance de leur conseil judiciaire pour se pourvoir par requête civile.

Les causes d'ouverture de requête civile que peuvent invoquer ces incapables sont celles énumérées par l'article 480.

(1) Garsonnet, t. 5, § 1099.

Quant à l'article 481, qui constitue un privilège au profit de certains incapables, il ne peut être étendu à d'autres qu'à ceux qu'il désigne d'une façon non équivoque; on ne peut donc pas en faire bénéficier les individus pourvus d'un conseil judiciaire.

Il faut décider de même, que le délai de faveur de l'article 484 C. pr. c. ne s'appliquera pas aux individus pourvus d'un conseil judiciaire. Ces incapables devront donc, pour être recevables dans leur pourvoi par requête civile, le former dans le délai de deux mois de la signification qui leur aura été faite à personne ou à domicile; mais cette signification devra avoir été faite aussi à leur conseil judiciaire.

§ 4. — Aliénés non interdits, internés en vertu de la loi du 30 juin 1838.

C'est un mandataire *ad litem*, désigné spécialement à cet effet, qui représentera l'aliéné dans son pourvoi en requête civile. Un mandat général de suivre un procès déterminé, au nom de l'aliéné, ne suffirait pas pour se pourvoir en son nom par requête civile. La requête civile est, en effet, une voie de recours extraordinaire qui ne peut être considérée comme la suite d'une précédente instance, et elle constitue une instance nouvelle en vue de laquelle un mandat spécial doit avoir été donné.

Faut-il étendre aux aliénés le bénéfice de l'article 481 ? Ce qui est certain, c'est que cet article ne les vise pas directement, mais comme on admet sans difficulté que cet article s'applique aux interdits et que la situation juridique des aliénés présente une très grande analogie avec celle des interdits, nous croyons que l'article 481 doit leur être appliqué. Et il faut en dire autant du délai de faveur de l'article 484, qui ne commencera à courir contre les aliénés que du jour de la signification qui leur aura été faite du jugement à personne ou à domicile, après leur sortie de l'établissement où ils étaient internés.

§ 5. — Femmes mariées.

I. *Autorisation de la femme mariée.* — La requête civile constitue non seulement une nouvelle instance, mais encore elle est une voie de recours extraordinaire; à ce double titre la femme mariée aura besoin d'une nouvelle autorisation de son mari ou de justice pour l'introduire ou pour y défendre. Mais l'assignation en requête civile, introduite à la requête d'une femme mariée non autorisée, pourrait, comme toute autre demande, être régularisée par une autorisation postérieure, et l'adversaire de la femme ne pourrait pas la faire déclarer non recevable dans sa demande en requête civile, faute d'avoir obtenu d'avance cette autorisation ; il ne pourrait que refuser d'accepter le débat tant qu'elle ne serait pas intervenue (1).

II. *Représentation de la femme mariée.* — Le mari représente la femme et peut se pourvoir en son nom par requête civile, dans tous les jugements rendus sous le régime de la communauté au sujet des biens communs, ainsi que dans ceux qui ont été rendus à l'occasion de

(1) Florence, 16 août 1810. *J. du P.*, 1810, 538.

l'exercice des actions mobilières et des actions possessoires de la femme.

Il en est de même des jugements ne concernant que les revenus de tous les biens propres de la femme commune.

S'il s'agit, au contraire, d'un jugement rendu à l'occasion d'une action pétitoire immobilière de la femme, c'est la femme qui exerce cette action avec le concours de son mari, et c'est également elle qui se pourvoira par requête civile contre ce jugement avec l'assistance de son mari.

Sous le régime dotal, le mari exerçant seul les actions mobilières et immobilières de la femme, la représentera également seul dans l'exercice de la requête civile.

Quant à la femme séparée de biens, qui exerce seule ses actions avec l'autorisation de son mari ou de justice, elle peut se pourvoir aussi par requête civile avec une semblable autorisation. Il en sera de même pour la femme dotale relativement à ses biens paraphernaux.

C'est l'application pure et simple des règles de la représentation concernant les actions de la femme sous les différents régimes matrimoniaux.

Dans la plupart des cas la femme est représentée par le mari.

Mais si la femme a plaidé sans autorisation, pourra-t-elle attaquer la décision rendue contre elle par la requête civile ? Certains auteurs, parmi lesquels M. Demolombe (1), le pensent, en se fondant sur la disposition de l'article 480 deuxième alinéa, qui donne ouverture à requête

(1) Tome IV, n° 355.

civile « si les formes prescrites à peine de nullité ont été vio-
lées ». Mais nous ne croyons pas que la requête civile soit
ouverte à la femme dans ce cas. L'article 480, deuxième
alinéa, ne s'applique qu'aux formes requises pour la validité
des actes de juridiction en eux-mêmes, abstraction faite
de la qualité des parties. Quant au défaut des formalités
exigées pour plaider, il est visé par l'article 481, et la
loi ne permet d'attaquer par la requête civile les décisions
rendues dans ces conditions, qu'à certains incapables parmi
lesquels la femme n'est pas comprise. C'est la seule explication satisfaisante que l'on puisse donner de ces dispositions, sinon l'article 481 devient inutile et fait double
emploi avec l'article 480, deuxième alinéa (1).

(1) Aubry et Rau, t. V, p. 164, texte et note 112.

CHAPITRE III

POURVOI EN CASSATION

Le pourvoi en cassation est une voie de recours extra-ordinaire contre les arrêts et les jugements définitifs ou d'avant faire droit, contradictoires ou par défaut, rendus en dernier ressort.

Pour pouvoir user de cette voie de recours, il faut avoir été partie au procès, et avoir intérêt à se pourvoir.

Les mineurs, les interdits, les aliénés, les femmes ma-riées qui ont été parties à un jugement par l'intermédiaire de leurs représentants légaux, peuvent user de cette voie de recours dans les deux mois de la signification, de la décision à attaquer, à personne ou à domicile.

On peut se pourvoir en cassation pour quatre causes : 1° pour violation de la loi ; 2° pour incompétence ou excès de pouvoir ; 3° pour inobservation des formes pres-crites à peine de nullité ; 4° pour contrariété de juge-ments.

Quant aux conditions de capacité et de pouvoir néces-saires pour former un pourvoi en cassation, elles sont exactement les mêmes que pour former la requête civile. Nous n'allons donc pas revenir sur ces conditions, et nous nous bornerons à indiquer au sujet de cette voie de recours quelques points spéciaux à certains incapables.

1° *Mineurs et interdits.* — Ils ne peuvent pas se pourvoir en cassation en basant leur pourvoi sur un défaut de représentation, ou sur une représentation irrégulière. Le défaut de représentation donne en effet ouverture à la tierce opposition en leur faveur, et s'ils ont été irrégulièrement représentés, ils doivent se pourvoir par requête civile, comme n'ayant pas été défendus, ou comme ne l'ayant pas été régulièrement.

2° *Mineurs émancipés.* — Ils n'ont, outre la voie de l'appel, que la requête civile pour attaquer la décision rendue contre eux sans l'assistance de leur curateur. Et si leur curateur a agi seul pour eux, ils ont la tierce opposition comme voie de recours, mais jamais le pourvoi en cassation.

Ils ne peuvent se pourvoir en cassation que par les moyens ouverts à toutes parties, et le pourvoi doit être formé alors par le mineur émancipé assisté de son curateur.

3° *Prodigues et faibles d'esprit.* — Lorsqu'ils ont agi sans l'assistance de leur conseil judiciaire, ils n'ont ni la requête civile, ni la tierce opposition ; aussi le pourvoi en cassation leur est-il ouvert pour violation de la loi. C'est là un moyen d'ordre public qui peut être invoqué par l'incapable en tout état de cause, mais il ne pourrait pas l'être par les tiers, qui avaient la ressource de refuser le débat jusqu'à ce que l'incapable fût régulièrement assisté.

Le pourvoi est formé par l'incapable assisté de son conseil, ou contre eux deux.

4° *Aliénés internés mais non interdits.* — Comme les mineurs et les interdits, ils sont représentés en justice, et nous pensons que les mêmes voies de recours leur sont ouvertes. Leur mandataire légal ne peut donc pas se pourvoir en leur nom en cassation, pour défaut de représentation, ou pour représentation irrégulière. Mais comme pour les mineurs et les interdits, leur mandataire, dûment autorisé, peut exercer en leur nom le pourvoi en cassation pour les causes ouvertes à toutes parties.

Si, au contraire, le pourvoi est formé contre ces incapables, il doit l'être contre leurs représentants.

5° *Femmes mariées.* — Le défaut d'autorisation de plaider est un moyen d'ordre public qui peut être invoqué par la femme pour la première fois en cassation. Mais ce moyen ne peut être invoqué que par elle seule, et non par les tiers, qui avaient la ressource de refuser de procéder avec elle, jusqu'à ce qu'elle eût rapporté l'autorisation de son mari ou de justice (1).

Le pourvoi en cassation est la seule voie de recours extraordinaire qu'ait la femme contre le défaut d'autorisation.

Pour se pourvoir en cassation, dans les cas où elle a seule l'exercice de ses actions, c'est-à-dire pour toutes ses actions sous le régime de séparation de biens, et pour celles relatives à ses paraphernaux sous le régime dotal, la femme doit être autorisée de son mari ou de justice, car le pourvoi en cassation est une instance.

S'il s'agit de se pourvoir, en matière pétitoire immobi-

(1) Demolombe, t. IV, n°ˢ 351 et 354.

lière, au sujet de ses propres, sous le régime de la communauté, ou en matière de partage comprenant des biens propres à la femme et des biens communs, le pourvoi doit être formé par la femme et le mari.

Les tiers qui plaident contre la femme, en matière immobilière ou possessoire sous le régime de communauté, et en matière mobilière ou immobilière sous le régime dotal, ne sont pas obligés de mettre la femme en cause personnellement, car elle est représentée par le mari. Le pourvoi en cassation dirigé contre la femme, dans ces conditions, peut donc n'être signifié qu'au mari et par une seule copie.

Au contraire, lorsque la femme a l'exercice de ses actions, seule ou concurremment avec son mari, le pourvoi doit être signifié à la femme et au mari : il est signifié au mari, dans le premier cas, pour qu'il autorise seulement sa femme, et dans le second pour qu'il l'assiste et l'autorise.

CHAPITRE IV

PRISE A PARTIE

La prise à partie est une voie de recours extraordinaire ouverte contre les juges, ou contre un tribunal, pour les faire reconnaître responsables d'un fait dommageable accompli dans l'exercice de leurs fonctions.

On a douté que la prise à partie fût une voie de recours extraordinaire, car son fondement se trouve principalement dans l'article 1382 C. c. et par elle on tend à obtenir des dommages-intérêts pour le préjudice causé par le dol ou la fraude des juges ou du tribunal.

On est cependant unanime à l'admettre comme voie de recours, dans le cas où une partie a gagné, de connivence avec le juge, un procès qu'elle aurait dû perdre, car le dol vicie le jugement. Mais il est certain qu'elle doit être considérée sous le même aspect dans tous les cas, car le code la place parmi les voies de recours, et il est inadmissible qu'un jugement vicié par le dol du juge ne soit susceptible d'aucun moyen de recours (1).

Cette voie de recours est soumise à une procédure spéciale. Celui qui l'a formée témérairement doit être con-

(1) *Sic*, Garsonnet, t. V, p. 511.

damné à trois cents francs d'amende au moins, sans préjudice des dommages-intérêts envers les parties, s'il y a lieu.
(Art. 516.)

Elle ne se prescrit que par 30 ans en matière civile.

La prise à partie peut être exercée par les incapables ou
leurs représentants; mais quelles sont les conditions de
pouvoir ou de capacité qu'on exigera pour son exercice?
Cette action tendant surtout à obtenir des dommages-intérêts, faut-il la considérer comme mobilière, et en permettre
l'exercice aux incapables comme si c'était une simple action mobilière? Nous croyons qu'il faudra considérer la
nature de l'instance primitive, et suivant qu'elle était mobilière ou immobilière, exiger une autorisation ou une
assistance pour l'exercice, dans les cas où l'autorisation et
l'assistance seraient exigées.

CHAPITRE V

Le désaveu est l'action qui a pour but de faire juger qu'un acte contenant une offre ou un aveu émané d'un officier ministériel, ou d'un défenseur, au nom d'une partie, a eu lieu sans l'autorisation ou le consentement de celle-ci.

Lorsqu'il est formé au cours d'une instance, nous croyons que le désaveu doit être considéré comme un incident ordinaire de la procédure, et, par conséquent, il peut être formé par le représentant de l'incapable, ou par l'incapable dûment assisté, sans qu'il y ait besoin d'une autorisation ou d'un mandat nouveau.

Au contraire, le désaveu nous apparaît avec le caractère d'une voie de recours extraordinaire, lorsque, formé à l'occasion d'un acte de procédure fait dans un procès déjà jugé, il aboutit à la réformation du jugement.

La conséquence est que pour l'exercer, les incapables ou leurs représentants devront justifier des conditions de capacité ou de pouvoir exigées, soit pour une action mobilière, soit pour une action immobilière ou une action assimilée à une action immobilière, suivant la nature de l'instance au sujet de laquelle est exercé le désaveu.

Un officier ministériel peut avoir fait au cours d'une

instance un acte susceptible de désaveu. Si cet acte a été ratifié par le représentant de l'incapable, ou par l'incapable dûment assisté, au cours de l'instance, cet incapable ou son représentant ne pourront plus l'attaquer dans la suite par le désaveu. Mais à défaut de ratification, l'incapable quand il deviendra capable, par exemple le mineur devenu majeur, pourront désavouer l'officier ministériel.

QUATRIÈME PARTIE

Le jugement est le but naturel de toute instance. Il peut se faire cependant que l'instance ait un autre dénouement. Elle peut s'éteindre par un acquiescement, un désistement, une transaction, un compromis, un retrait de droits litigieux, par une péremption de l'instance, ou par la prescription.

L'étude de ces modes d'extinction de l'instance appartiendrait plutôt à la représentation des incapables, et à leur assistance dans les contrats ; mais à raison du rapprochement fait par le législateur, entre l'acquiescement et les actions en justice, au point de vue du pouvoir pour les exercer (arg. art. 464 C. c.), nous avons cru devoir compléter notre travail par l'étude de l'acquiescement et du désistement.

CHAPITRE PREMIER

ACQUIESCEMENT

L'acquiescement à un jugement est l'acceptation de ce jugement manifestée soit par une des parties ayant figuré à l'instance, soit par des tiers qui, n'y ayant pas été appelés, pourraient attaquer la décision par la voie de la tierce opposition.

L'acquiescement ayant pour effet principal et direct de fermer toutes les voies de recours que l'on peut avoir contre une décision judiciaire, il faut avoir en principe la capacité de disposer du droit contesté pour pouvoir acquiescer.

Le majeur dont aucune mesure judiciaire n'a diminué ou anéanti la capacité peut acquiescer, car il a la libre disposition de tous ses droits.

Quant aux incapables, l'acquiescement ne leur est point interdit ; mais suivant le degré de leur incapacité, il ne peut être donné que par leurs représentants, qu'avec le concours de ceux qui doivent les assister, ou bien encore qu'avec une autorisation spéciale.

§ 1. — Mineurs et Interdits.

Nous avons vu que le mineur non émancipé est frappé d'une incapacité absolue, quant à l'exercice des actions en justice. C'est le tuteur qui le représente dans les instances. Ce tuteur peut défendre seul et sans autorisation à toutes les actions, et il peut introduire également seul toutes les actions mobilières et possessoires. Au contraire, pour l'introduction des actions en matière immobilière, de partage, ou concernant l'état et la capacité du mineur, il a besoin de l'autorisation du conseil de famille.

Nous nous sommes basé pour justifier ces solutions, surtout sur l'article 464 du code civil. Or, il résulte de cet article que les mêmes pouvoirs sont nécessaires au tuteur pour acquiescer à une demande concernant les droits immobiliers du mineur, que pour introduire une semblable demande.

Les droits immobiliers du mineur étant, aux yeux des rédacteurs du code, les plus importants, nous tirons de l'article 464 cette première conséquence : c'est qu'une autorisation du conseil de famille suffisant pour acquiescer aux droits immobiliers du mineur, il est certain qu'il est impossible de se montrer plus exigeant pour l'acquiescement aux droits mobiliers.

Bien plus, l'assimilation que l'article 464 fait entre l'introduction d'une demande immobilière, et l'acquiescement à une semblable demande, nous semble un argument décisif pour conclure que le pouvoir suffisant au tuteur pour introduire une action concernant les droits mobiliers ou immobiliers du mineur, lui est aussi suffisant pour acquiescer à ces mêmes droits.

Nous dirons donc que le tuteur peut acquiescer seul aux demandes et aux jugements relatifs aux droits mobiliers du mineur et de l'interdit ; au contraire, il lui faut l'auto-

14

risation du conseil de famille pour acquiescer aux demandes et aux jugements relatifs à leurs droits immobiliers,
ou aux droits qui leur sont assimilés au point de vue des
pouvoirs du tuteur.

Quant à l'autorisation du conseil de famille qui est exigée, nous ne croyons pas, contrairement à un arrêt de la
Cour de cassation (1), qu'elle doive être préalable à l'acquiescement. Il est vrai, comme l'indique la note par laquelle M. Labbé commente cet arrêt, que l'autorisation qui
n'intervient qu'après coup n'est plus à proprement parler
une autorisation, mais bien plutôt une ratification, ou une
confirmation, tandis que l'article 464 exige une autorisation. Mais cependant nous ne croyons pas à la nécessité
d'une autorisation préalable, car lorsque la loi veut
qu'elle soit préalable, elle prend la précaution de le dire.
(Arg. art. 461 C. c.) Et puis exiger une autorisation préalable, ce serait dans bien des cas rendre impossible un
acte qui aurait besoin d'être accompli de suite dans l'intérêt
de l'incapable, car la convocation du conseil de famille exige
un temps matériel assez long. Enfin nous croyons qu'exiger
qu'elle soit préalable, c'est retourner contre l'incapable
une disposition qui n'est établie qu'en sa faveur. Nous
croyons donc qu'en matière d'acquiescement, comme en
matière d'introduction d'une instance, l'autorisation qui
intervient même après l'acte est suffisante (2).

On a prétendu dans une certaine opinion, qu'en dehors
de l'autorisation du conseil de famille, il fallait l'homolo-

(1) Cass., 10 janvier 1894. S. 1895, 1, 81.
(2) Cass., 27 mars 1855. S. 1855, 1, 702. — Limoges, 27 mars 1895.
S. 1896, 2, 175.

gation du tribunal pour que l'acquiescement à une demande concernant les droits immobiliers du mineur fût valable, parce que l'acquiescement équivaut à une aliénation. (Art. 457 et 458 C. c.)

Cette opinion est assurément inexacte. Il ne faut pas exiger l'homologation du tribunal, car l'article 464 est muet sur ce point, et en outre l'acquiescement diffère de l'aliénation. Les articles 457 et 458 visent une aliénation volontaire pour laquelle il faut prendre des précautions dans l'intérêt du mineur avant d'en permettre la réalisation. L'acquiescement, au contraire, n'est que la suite d'une contestation, et il peut être utile et avantageux pour le mineur que le tuteur acquiesce à une demande, afin de lui éviter la perte presque assurée d'un procès.

Quant au principe qui exige l'autorisation du conseil de famille pour acquiescer aux droits immobiliers du mineur, il s'applique non seulement aux demandes et aux jugements définitifs, mais encore aux jugements interlocutoires. L'interlocutoire, en effet, préjuge le fond dans une certaine mesure, et y acquiescer c'est disposer des droits qu'il concerne (1).

L'article 464 n'exigeant l'autorisation du conseil de famille que pour l'acquiescement aux droits immobiliers du mineur, c'est par un argument *a contrario* que nous avons décidé que cette autorisation n'était pas nécessaire pour acquiescer aux droits mobiliers.

Mais on a soutenu et il a été jugé, que l'autorisation du conseil de famille était nécessaire même pour acquiescer à

(1) Cass., 23 mai 1882, S. 1884, 1, 413.

une demande mobilière, parce que, dit-on, l'acquiescement
équivaut à une transaction, laquelle est interdite au tuteur
en dehors des formalités prescrites par la loi, et qu'en
outre l'acquiescement donne force de chose jugée au droit
acquiescé (1).

En présence des termes restrictifs de l'article 464, nous
croyons qu'il faut repousser cette opinion, et dire que
l'acquiescement à une demande concernant les droits
mobiliers du mineur, peut être donné par le tuteur sans
autorisation du conseil de famille (2). Il est vrai que le
texte ne consacre pas nettement l'opinion que nous soutenons ; mais, en mettant l'acquiescement à une demande
immobilière sur la même ligne que l'introduction d'une
semblable demande, au point de vue des pouvoirs du
tuteur, il semble bien dire que le tuteur peut seul acquiescer en matière mobilière, de même qu'il peut introduire seul une action mobilière. Et notre opinion nous
paraît d'autant plus sûre qu'on est obligé d'aller trop
loin dans l'opinion contraire, si l'on veut être logique. Si
l'on assimile, en effet, l'acquiescement à un droit mobilier
à une transaction, il faut, outre l'autorisation du conseil
de famille, l'avis de trois jurisconsultes et l'homologation
du tribunal. (Art. 467.) L'acquiescement à une demande
concernant les droits mobiliers du mineur serait donc
soumis à plus de formalités que l'acquiescement à des
droits immobiliers. Ce serait tout à fait illogique, puisque
ces derniers sont considérés comme plus importants que

(1) Pau, 9 mai 1834. S. 1835, 2, 158.
(2) Caen, 31 juillet 1876. S. 1877, 2, 84. — Aubry et Rau, t. I,
p. 466.

les premiers. Nous croyons donc qu'il faut s'en tenir à l'article 464 tel que nous l'avons interprété.

L'article 464 ne parle que de l'acquiescement à une demande ; s'applique-t-il à l'acquiescement à un jugement ?

Certains auteurs pensent que s'il s'agit d'un acquiescement à un jugement, le tuteur n'a pas le pouvoir d'y consentir même avec l'autorisation du conseil de famille.

D'autres, parmi lesquels MM. Aubry et Rau, Carré et Chauveau, Pigeau, distinguent : d'après eux le tuteur ne pourrait pas acquiescer, même avec l'autorisation du conseil de famille, au jugement rendu contre le mineur demandeur, parce que cet acquiescement constituerait une renonciation à ses droits ; au contraire, il pourrait acquiescer à un jugement dans lequel le mineur était défendeur.

Ce dernier système est très prudent, et il restreint le droit de disposition du tuteur. Il paraît en outre conforme à la lettre de l'article 464 qui ne parle que de l'acquiescement à une demande.

Cependant nous préférons dire que le tuteur peut acquiescer, avec la seule autorisation du conseil de famille, même à un jugement concernant les droits immobiliers du mineur ; nous croyons cette décision plus conforme à la loi qui n'a certainement point entendu distinguer entre une demande et un jugement. Il nous semble, en effet, que si un acquiescement devait être interdit au tuteur, ce serait plutôt l'acquiescement à la demande que l'acquiescement au jugement. Car lorsque le tuteur acquiesce à un jugement, il acquiesce à un droit sur lequel la justice s'est prononcée, et sur lequel les chances du mineur ont considérablement diminué ; tandis qu'au contraire, l'acquiescement à une demande équivaut à l'abandon d'un droit du mineur qui a encore quelques chances d'être conservé.

Ce n'est donc pas seulement aux demandes concernant les droits du mineur que le tuteur peut acquiescer, mais encore aux jugements rendus sur ces mêmes droits, et cela sans qu'il y ait à distinguer si le mineur était demandeur ou défendeur (1).

Une autre opinion, soutenue par M. Demolombe (2), s'appuyant sur l'article 444 C. pr. c., exige le consentement du subrogé tuteur pour la validité de l'acquiescement à un jugement. Il ne faut pas hésiter à la repousser, car elle donne à l'article 444 C. pr. c. une portée qu'il n'a point, et comme on l'a fait observer, cette opinion aboutit à cette grave inconséquence, que l'acquiescement à une décision jugée contre le mineur devient plus difficile que l'acquiescement à une demande, alors que les droits du mineur sont encore entiers.

L'acquiescement permis en matière immobilière l'est sans conteste en matière de partage.

Quant aux demandes et aux jugements concernant l'état et la capacité des personnes, nous croyons qu'il faut faire une distinction.

Si l'acquiescement aux prétentions contenues dans la demande ou consacrées par le jugement, n'est pas con-

(1) *Contra*, Aubry et Rau, t. I, p. 466 texte et note 21.
(2) T. VII, n° 685.

traire à l'ordre public, cet acquiescement sera permis. Dans le cas contraire il ne serait pas possible.

Ainsi le tuteur peut acquiescer avec l'autorisation du conseil de famille au nom d'un interdit, au jugement qui rejette une demande en séparation de corps, ou en divorce, qu'il avait formée, à une demande en réclamation d'état. Au contraire, le tuteur ne pourrait pas acquiescer au jugement prononçant le divorce contre l'interdit. De même, l'interdiction étant une mesure de protection qui touche à l'ordre public, aussi bien quand il s'agit d'en frapper un individu que d'en donner mainlevée, le tuteur ne peut pas plus acquiescer à un jugement prononçant la mainlevée de l'interdiction que l'interdit lui-même ne peut acquiescer au jugement prononçant son interdiction (1).

Le père, administrateur légal, est le représentant de ses enfants mineurs, et tient de la loi un mandat général. En vertu de ce mandat, il peut faire tous les actes qu'il croit conformes à l'intérêt de son mandant, quelle que soit la nature des droits en cause. Il a des pouvoirs plus étendus que ceux du tuteur, puisqu'il n'est pas, comme celui-ci, sous la surveillance d'un subrogé tuteur et d'un conseil de famille. Il peut acquiescer seul à toutes les demandes formées contre ses enfants mineurs, et à tous les jugements rendus contre eux, non seulement en matière mobilière, mais encore en matière immobilière ou de partage (2).

(1) Cass., 14 juin 1842. S. 1842, 1, 742. — Cass., 12 janvier 1875, S. 1875, 1, 117.
(2) Cass., 17 février 1875. S. 1875, 1, 152

§ 2. — Mineurs émancipés.

Le mineur émancipé peut, d'après nous, exercer seul toutes actions mobilières et possessoires ; il lui faut, au contraire, l'assistance de son curateur pour exercer les actions immobilières. Par voie de conséquence nous dirons que le mineur émancipé peut acquiescer seul aux actions et aux jugements concernant ses droits mobiliers et possessoires ; au contraire, il lui faut l'assistance de son curateur pour consentir un acquiescement relatif à ses droits immobiliers. (Arg. art. 464 et 482 C. c.)

On prétend, dans une opinion contraire, que le mineur émancipé ne pouvant faire aucun acte, autre que ceux de pure administration, sans observer les formes prescrites au mineur non émancipé, ne peut acquiescer, même en matière mobilière, sans l'assistance de son curateur (1).

Cette opinion nous semble inexacte. Elle se fonde sur ce que l'acquiescement équivaudrait à une aliénation, sans tenir compte de la capacité exigée pour cet acte. Or cette capacité étant la même que pour plaider (arg. art. 464), il nous semble logique de dire que le mineur émancipé qui peut plaider seul en matière mobilière, peut aussi acquiescer seul en matière mobilière. Quant à l'acquiescement en matière immobilière, l'assistance de son curateur lui suffisant pour plaider en cette matière, cette même assistance doit lui suffire pour le consentir, sans qu'il soit besoin de recourir à l'autorisation du conseil de famille. La loi, en conférant au mineur émancipé

_____

(1) Garsonnet, t. V, p. 914.

la capacité de plaider en matière immobilière, avec la seule assistance de son curateur, lui confère par cela même la capacité de faire, en général, tout ce que la conduite même de l'instance, eu égard à l'état du procès, semble exiger, afin, par exemple, d'éviter des frais (1).

§ 3. — Prodigues et faibles d'esprit.

Pour acquiescer valablement, le prodigue et le faible d'esprit doivent être assistés de leur conseil judiciaire.

Les articles 499 et 513 défendent à ces incapables de plaider sans l'assistance d'un conseil. Or l'acquiescement, qui est destiné à mettre fin à une instance, doit, pour être valable, être fait dans la même forme que le procès, c'est-à-dire avec l'assistance du conseil judiciaire (2).

§ 4. — Aliénés non interdits internés d'après la loi du 30 juin 1838.

Nous avons jusqu'ici admis que la capacité ou le pouvoir d'agir en justice étaient suffisants pour acquiescer, il semble donc que le mandataire *ad litem* pourrait acquiescer en vertu du mandat qu'il a obtenu pour plaider. Nous ne croyons pourtant pas qu'il en soit ainsi pour le mandataire *ad litem*, et cela parce que l'article 33 de la loi de 1838 exige un mandat spécial. Bien qu'il ne faille pas plus de pouvoir pour acquiescer que pour plaider, on est obligé de reconnaître qu'acquiescer ce n'est pas plaider, c'est en quelque sorte consentir l'abandon des droits sur lesquels

(1) Cass., 23 mars 1832. S. 1832, 1, 598.
(2) Cass., 6 novembre 1867. S. 1868, 1, 10.

va porter l'acquiescement. Aussi décidons-nous que le mandataire *ad litem* doit obtenir un nouveau mandat pour acquiescer soit en matière mobilière, soit en matière immobilière.

§ 5. — Femmes mariées.

I. *Autorisation de la femme mariée.* — Le principe que nous avons admis, suivant lequel la capacité d'agir en justice suffit pour acquiescer, est encore vrai en ce qui concerne la femme mariée, mais il subit l'influence de la spécialité de l'autorisation maritale.

Si le législateur n'exige pas une capacité plus grande pour acquiescer que pour plaider, il y a toutefois une différence à établir entre le fait d'acquiescer et celui de plaider. Plaider c'est soutenir un droit ; acquiescer c'est en quelque sorte consentir l'abandon du droit. L'acquiescement est, en effet, un contrat qui intervient en dehors de l'instance. L'autorisation de plaider ne sera donc pas suffisante pour permettre à la femme d'acquiescer, il lui faudra une autorisation nouvelle et spéciale, sinon l'acquiescement qu'elle aurait donné, en se croyant suffisamment habilitée par l'autorisation de plaider qu'elle avait obtenue de son mari ou de justice, ne serait pas irrévocable (1).

Nous croyons donc que l'autorisation donnée à la femme pour acquiescer, doit spécifier qu'elle est donnée dans ce but (2).

La femme séparée de biens, ayant la libre administration

---

(1) Garsonnet, t. V, p. 913.
(2) Paris, 16 mars 1839. *J. du P.*, 1839, 1, 447. — Laurent, t. III. n° 147.

de ses biens (art. 1419), devrait, semble-t-il, pouvoir donner seule un acquiescement relatif à des objets qui rentrent dans son droit d'administration. Cette opinion est en effet généralement partagée ; cependant nous ne la croyons pas exacte, et nous exigeons une autorisation du mari ou de justice même dans ce cas, car nous considérons la capacité exigée pour acquiescer comme identique à celle qui est exigée pour plaider, or, la femme mariée ne peut jamais plaider sans autorisation.

S'il y avait une action pendante entre le mari et la femme, l'acquiescement donné par la femme avec l'autorisation du mari nous semblerait valable. Il est vrai que cette solution est contraire à la règle *nemo auctor est in rem suam*, et que le mari n'hésitera pas à donner son autorisation, surtout si l'acquiescement doit lui profiter. Nous croyons cependant qu'il peut autoriser sa femme, car l'autorisation maritale n'est point exigée dans l'intérêt de la femme, mais surtout en vue de la puissance maritale et des intérêts matrimoniaux (1).

La jurisprudence n'admet pas l'opinion que nous venons d'exposer. Elle décide depuis 1839 que la femme, autorisée à plaider, a pleine capacité pour acquiescer au jugement qui termine l'instance. Et la Cour de cassation a confirmé la jurisprudence des cours d'appel en ces termes : « L'autorisation ne donne pas seulement à la femme mariée le pouvoir de suivre la procédure et de défendre à la demande, mais aussi celui d'y consentir si elle lui semble justifiée, ou d'acquiescer au jugement rendu, comme il eût

(1) Nîmes, 9 février 1842. *J. du P.*, 1842, 1, 424.

pu résulter du seul fait de son inaction et de son silence, pendant le temps accordé pour l'appel (1). »

Nous croyons la solution, consacrée par cet arrêt, inexacte. L'autorisation de plaider ne peut pas comporter celle d'acquiescer, car l'acquiescement diffère complètement du fait de plaider. En plaidant, la femme remet à justice le soin de décider du droit litigieux, tandis qu'en acquiesçant, c'est elle qui décide, et, en agissant ainsi, elle fait toujours un abandon des droits qu'elle prétend avoir ; c'est pourquoi une autorisation nouvelle nous semble nécessaire pour consentir un acquiescement.

II. *Représentation de la femme.* — Sous le régime de la communauté, le mari acquiesce seul, comme représentant de la femme, aux actions mobilières et immobilières, ainsi qu'aux jugements de même nature concernant les biens communs, ainsi qu'aux demandes et aux jugements concernant les actions mobilières et possessoires de la femme. Il en est de même de l'acquiescement aux actions et aux jugements concernant les revenus des propres immobiliers de la femme ; mais dans ce dernier cas, le mari n'agit que comme chef de la communauté qui a l'usufruit de tous les biens de la femme.

S'il s'agit, au contraire, de la propriété des propres immobiliers de la femme, le mari ne peut pas acquiescer aux demandes et aux jugements les concernant sans le concours de la femme, parce que c'est la femme qui a l'exercice de ses actions pétitoires immobilières avec l'assistance

(1) Cass., 7 décembre 1863. D. 1864, 1, 119.

de son mari : l'acquiescement devra donc être donné par le mari et la femme.

Il en est de même pour l'acquiescement à un partage, quand les biens qui en font l'objet ne sont pas en totalité mobiliers.

Et quand le mari et la femme ont agi conjointement, l'acquiescement donné par l'un ne nuirait pas à l'autre (1).

Sous le régime dotal, le mari pouvant exercer seul les actions mobilières et immobilières de la femme, devrait pouvoir acquiescer seul aux demandes et aux jugements concernant les biens de la femme; mais le principe de l'inaliénabilité des biens dotaux s'y oppose; la femme dotale elle-même ne pourrait pas acquiescer à un jugement qui consomme cette aliénation, parce que l'acquiescement, qui est la renonciation au droit d'attaquer le jugement acquiescé, équivaut à une aliénation contraire au caractère fondamental et au but du régime dotal.

Quant à la femme séparée de biens, elle peut acquiescer seule à toutes demandes et à tous jugements concernant ses biens, mais nous croyons qu'il lui faut une autorisation spéciale, distincte de l'autorisation qu'elle a eue de plaider.

(1) Paris, 25 juillet 1843. S. 1843, 2, 379.

CHAPITRE II

Le désistement est la renonciation à un acte de procédure, à une instance, ou à une action.

Il résulte des articles 402 et 403 du code de procédure civile, que le désistement est un contrat qui ne peut produire d'effet qu'autant qu'il réunit toutes les conditions essentielles pour la validité des conventions.

Pour se désister, il faut notamment avoir la capacité suffisante. Et il faut distinguer à cet égard le désistement d'action, le désistement d'instance et le désistement d'un ou plusieurs actes de procédure.

Se désister d'une action, c'est aliéner le fond du droit et renoncer entièrement à s'en faire un titre contre la partie adverse : il faut donc être capable d'aliéner le droit pour consentir un tel désistement.

Le désistement d'instance, au contraire, ne porte aucun préjudice direct au fond même du droit qui survit à l'instance. C'est l'acte du demandeur qui ne renonce qu'à la poursuite de l'instance actuellement engagée et se réserve le droit d'en intenter une autre.

Quant au désistement d'actes de procédure, c'est le fait d'une partie qui renonce au bénéfice de certains actes, se réservant le droit non seulement de les refaire si elle le juge utile, mais encore de reprendre l'instance engagée, au point où elle en est restée.

Nous pouvons donc poser comme principe que toute personne ayant capacité d'aliéner peut faire un désistement portant sur une action ; et que tous ceux qui ont la capacité ou le pouvoir d'agir en justice peuvent se désister d'une instance, ou d'un acte de procédure.

Faisons l'application de ces principes aux divers incapables.

§ 1. — Mineurs et Interdits.

Le mineur et l'interdit ne peuvent ester en justice, ils doivent être représentés par un tuteur. C'est ce tuteur qui aura qualité pour se désister en leur nom.

En matière mobilière et possessoire, le tuteur pourra se désister seul d'une instance ou d'un acte de procédure. Il le pourra aussi en matière immobilière, ou en matière de partage, mais seulement avec l'autorisation du conseil de famille s'il s'agit d'un désistement d'instance, et sans autorisation s'il ne s'agit que d'un désistement d'actes de procédure.

De tels désistements, en effet, n'éteignent que l'instance et laissent intacts les droits qui en font l'objet.

Au contraire, s'il s'agit d'un désistement devant porter sur l'action elle-même, de nature à compromettre l'exercice ultérieur du droit, le tuteur ne pourrait pas le faire en matière immobilière, ni en matière de partage, sans une autorisation du conseil de famille homologuée par le tribunal.

Le tuteur ne pourrait pas non plus faire un désistement d'action en matière possessoire, car s'il a seul l'exercice des actions en pareille matière, il ne peut pas aliéner, l'action possessoire concerne, en effet, un droit immobilier, droit que le tuteur ne peut aliéner qu'avec une autorisation homologuée par le tribunal.

S'il s'agit d'une action mobilière portant sur des meubles incorporels supérieurs à 1,500 francs, le tuteur ne peut pas non plus consentir à un désistement sans une autorisation du conseil de famille homologuée par le tribunal. (Art. 1 et 2, Loi du 27 février 1880.)

Si l'action mobilière porte sur des meubles incorporels inférieurs à 1500 francs, l'autorisation du conseil de famille suffit au tuteur pour s'en désister. (Art. 1er, Loi du 27 février 1880.)

Enfin, dans le silence de la loi, il faut décider que l'aliénation des meubles corporels du mineur n'étant pas défendue au tuteur, celui-ci peut consentir à leur occasion un désistement d'action.

Le désistement ne doit-il pas être défendu dans les matières concernant l'état et la capacité des parties, comme contraire à l'ordre public? Nous croyons, en effet, qu'en ces matières tout désistement portant sur l'action est nul comme contraire à l'ordre public. On ne peut pas renoncer à un droit concernant son état et sa capacité; on ne peut même pas renoncer à l'exercice d'un droit susceptible de ne modifier que la capacité d'autrui. Et il faut en dire autant de tout désistement d'instance ou d'un acte de procédure qui aboutirait à l'extinction de l'action.

Quant au désistement d'instance ou d'un acte de procédure qui ne porterait pas atteinte à un droit concernant l'état et la capacité, nous le croyons permis. Seulement le tuteur du mineur, ou de l'interdit, ne peut le consentir qu'avec l'autorisation du conseil de famille.

Si le désistement porte sur l'appel, ce n'est autre chose qu'un acquiescement. Le tuteur peut donc consentir seul un semblable désistement en matière mobilière et possessoire. Au contraire, en toute autre matière il aura besoin de l'autorisation du conseil de famille ; mais cette autorisation sera suffisante, que le mineur ou l'interdit aient été primitivement demandeurs ou défendeurs (1).

Mais l'autorisation du conseil de famille suffit au tuteur, car un tel désistement n'est autre chose qu'un acquiescement à la demande, acquiescement permis dans ces mêmes conditions. (Art. 464 C. c.)

§ 2. — Mineurs émancipés.

Nous avons admis que le mineur émancipé pouvait exercer seul toutes les actions mobilières, même celles concernant un capital mobilier, sans l'assistance de son curateur. En ce qui concerne le désistement, il est indispensable de distinguer entre les actions mobilières.

Le mineur émancipé pourra seul se désister de toutes les actions mobilières qui ne seront pas relatives à un capital mobilier, c'est-à-dire celles relatives à ses revenus et à l'administration de ses biens. Il pourra faire, à ce sujet, aussi bien un désistement d'action, qu'un désiste-

(1) Limoges, 27 mars 1895. S. 96, 2, 175 — *Contra*, Aubry et Rau, t. I, p. 467.

ment d'instance ou d'un acte de procédure. C'est que le mineur émancipé peut aliéner seul les droits qui en font l'objet.

Quant à ce qui concerne ses capitaux mobiliers, le mineur émancipé, pouvant agir seul en justice, pourra faire un désistement d'instance ou un désistement d'un acte de procédure à leur occasion.

Mais pour faire un désistement d'action les concernant, il a besoin de l'assistance de son curateur. Il en serait de même s'il s'agissait de se désister d'un droit relatif à un meuble incorporel d'un mineur émancipé expressément pendant le mariage de ses père et mère, ou tacitement par le mariage.

S'il s'agissait d'un mineur émancipé au cours de la tutelle, ce mineur émancipé étant assimilé au mineur non émancipé relativement à l'aliénation de ses meubles incorporels, il lui faudrait l'autorisation du conseil de famille, si la valeur des meubles ne dépasse pas 1500 francs, et de plus l'homologation du tribunal pour consentir un désistement d'action portant sur ces meubles incorporels lorsque leur valeur dépassera 1500 francs.

Quant au désistement portant sur des actions immobilières, au nombre desquelles sont les actions possessoires, le mineur émancipé ne pourra le faire qu'avec l'autorisation du conseil de famille et l'homologation du tribunal, si le désistement porte sur l'action. Le désistement d'action exige, en effet, la même capacité que pour aliéner, or le mineur émancipé ne peut aliéner ses immeubles que dans les mêmes formes que le mineur non émancipé. (Art. 484, al. 1) (1).

(1) Garsonnet, t. V, p. 818.

S'il s'agit, au contraire, d'un désistement d'instance, ou d'un acte de procédure, le mineur peut le consentir dans les mêmes formes que celles exigées pour introduire l'instance ou faire l'acte, c'est-à-dire qu'il lui faudra l'assistance de son curateur pour se désister d'une instance pétitoire immobilière. Au contraire, il pourra consentir seul un désistement d'instance ou d'un acte de procédure portant sur une action possessoire.

Quant aux actions concernant son état et sa capacité, le mineur ne peut consentir un désistement d'instance qu'avec l'assistance de son curateur.

§ 3. — Prodigues et faibles d'esprit.

Le prodigue et le faible d'esprit ne peuvent pas plaider sans l'assistance de leur conseil judiciaire. Ils ne peuvent pas non plus aliéner sans cette assistance. La conséquence c'est qu'ils ne peuvent faire seuls aucun acte destiné à mettre fin à un procès intenté.

Mais comme avec l'assistance de leur conseil ils peuvent consentir tout acte d'aliénation, même portant sur des immeubles, ils pourront avec cette seule assistance faire un désistement quelconque, même un désistement d'action.

§ 4. — Aliénés non interdits internés en vertu de la loi du 30 juin 1838.

Les individus internés en vertu de la loi du 30 juin 1838 ne peuvent pas agir en justice ; ils sont représentés par un mandataire *ad litem*. Et ce mandataire *ad litem* n'a aucun pouvoir relativement à l'administration des biens de l'individu interné.

Le désistement d'instance et le désistement d'un acte de procédure, ne pouvant pas compromettre les droits de l'incapable, nous reconnaissons au mandataire *ad litem* le pouvoir de les faire. Il pourra même, après un désistement d'instance, recommencer l'instance dans de nouvelles conditions, puisque son mandat lui a été donné pour plaider sans aucune restriction dans la direction du procès.

Quant au désistement d'action, le mandataire *ad litem* ne pourrait pas le faire sans un mandat spécial qui lui serait donné à l'effet de le consentir.

§ 5. — Femmes mariées.

I. *Autorisation de la femme mariée.* — La femme mariée ne peut pas plaider sans l'autorisation de son mari ou de justice. (Art. 215 et 218 C. c.) Et pour atteindre son but cette autorisation doit être spéciale.

La conséquence de ce principe, c'est que la femme n'est habilitée que dans les termes de l'autorisation qui lui a été donnée, et la femme autorisée à plaider ne peut pas se désister sans une nouvelle autorisation de son mari. Elle ne pourra faire ni un désistement d'action, ni un désistement d'instance. Nous admettons cependant qu'elle peut faire un désistement portant sur un ou plusieurs actes de procédure, parce qu'un tel désistement rentre dans les pouvoirs de toute personne qui peut plaider sans l'assistance d'un protecteur.

Il en est ainsi même pour la femme séparée de biens, ou qui agit pour ses paraphernaux. Et cela parce que l'instance une fois engagée forme un droit acquis auquel on ne peut renoncer, que dans les conditions de capacité requises pour l'intenter (1).

II. *Représentation de la femme mariée*. — Sous le régime de la communauté, le mari ayant l'administration pleine et entière de tous les biens communs, pouvant les aliéner seul, pourra faire seul un désistement portant sur les actions soit mobilières, soit immobilières de la communauté. Il peut faire un désistement quelconque, que ce soit un désistement d'action ou un désistement d'instance.

Quant aux actions mobilières et possessoires de la femme, le mari les exerce seul et peut consentir un désistement d'instance en ce qui les concerne, mais il ne peut pas consentir un désistement d'action parce qu'il n'a pas le pouvoir d'aliéner.

Quant aux propres immobiliers de la femme et aux successions comprenant des biens devant rester propres à la femme et des biens devant tomber en communauté, les actions qui les concernent doivent être exercées par le mari et la femme, et le désistement portant sur ces droits ne pourra être consenti que par le mari et la femme. Le désistement consenti par l'un des époux ne pourrait pas nuire à l'autre.

D'un côté, la femme ne pourrait pas se désister sans une autorisation de son mari, et, d'autre part, si c'est le mari qui se désistait, le désistement de celui-ci serait nul à l'égard de la femme, si elle ne consentait pas à le signer.

C'est l'application du principe d'après lequel le désis-

(1) Garsonnet, t. V, p. 799.

tement ne peut se faire que dans la mesure où l'on a été capable d'introduire l'instance.

Mais quand bien même les deux époux auraient figuré dans l'instance, si le droit faisant l'objet du désistement devait tomber dans la communauté, le mari pourrait se désister seul, et ce désistement serait opposable à la femme, parce que le mari est maître des actions concernant la communauté.

Si la femme a besoin de l'autorisation du mari pour se désister de l'instance, alors qu'elle est capable de conduire seule le procès, c'est parce qu'elle en a eu besoin pour y figurer. Mais si, au contraire, l'autorisation lui avait été donnée par justice, l'autorisation de justice suffirait également pour qu'elle pût se désister. Ainsi la femme qui introduit une instance en séparation de biens avec l'autorisation de justice, n'a pas besoin de l'autorisation maritale pour se désister, l'autorisation de justice lui suffit (1).

Sous le régime dotal, le mari, maître de l'exercice des actions mobilières et immobilières de la femme, peut consentir seul un désistement portant sur l'instance, ou sur un ou plusieurs actes de procédure.

S'il s'agissait, au contraire, d'un désistement d'action, il ne pourrait pas le consentir, même avec le consentement de la femme, puisque la dot de la femme est inaliénable. Nous appliquerons cette solution même à la dot mobilière que la jurisprudence considère comme inaliénable, en ce sens que la créance de la femme dotale ne peut pas être

(1) Cass., 14 février 1810. *J. du P.*, 1810, 104.

aliénée. Il ressort, en effet, des textes, que pour la commodité de l'administration des biens de la femme, on permet au mari d'aliéner les biens mobiliers, et cependant, en principe, il ne peut pas aliéner la dot mobilière, d'où nous concluons qu'il ne peut pas consentir un désistement d'action portant sur cette dot.

La femme séparée de biens peut en matière mobilière consentir même un désistement d'action ; au contraire, elle ne peut consentir qu'un désistement d'instance en matière immobilière. La femme séparée de biens peut, en effet, aliéner seule ses meubles ; tandis que pour aliéner ses immeubles, ou se désister en cette matière, il lui faudra l'autorisation de son mari ou de justice.

Quant à la femme séparée de corps, elle est pleinement capable, et peut donner un désistement d'action, même en matière immobilière, sans avoir besoin d'aucune autorisation de son mari ou de justice.

Vu par le Président de la thèse,
ED. P. DUBEUGNON.

Vu :
Le Doyen,
LE COURTOIS.

Vu et permis d'imprimer :
Poitiers, le 15 mai 1897.

Le Recteur,
H. CONS.

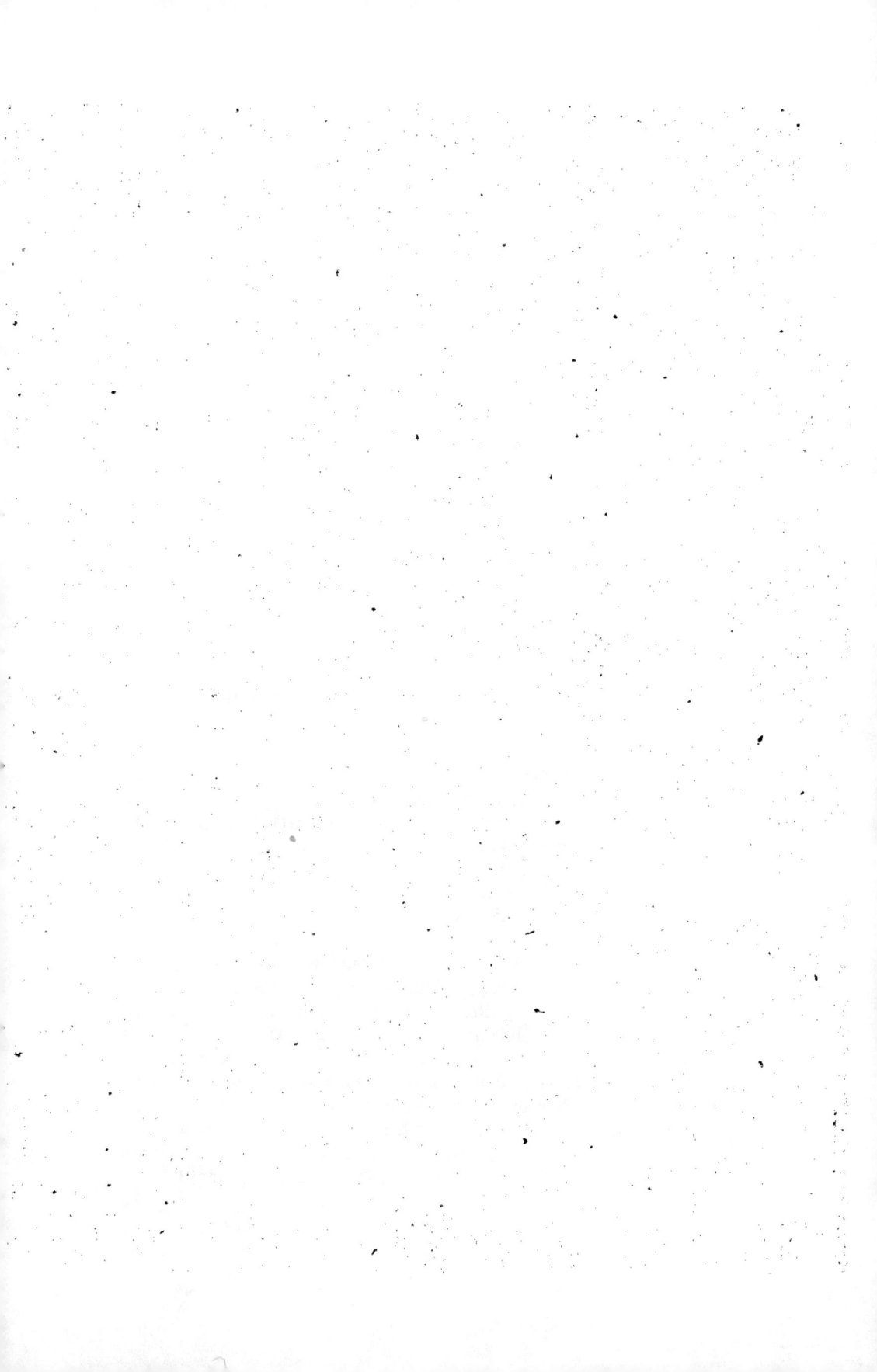

TABLE DES MATIÈRES

TROISIÈME PARTIE

VOIES DE RECOURS

QUATRIÈME PARTIE

Poitiers. — Soc. Franç. d'Impr. et de Libr. (Oudin et Cⁱᵉ).

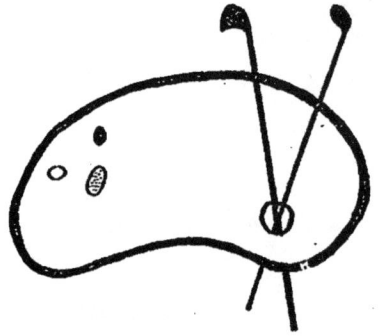

DÉBUT D'UNE SÉRIE DE DOCUMENTS
EN COULEUR

OCUMENT(S) TROUVÉ(S) DANS LE VOLUME

DÉPARTEMENT DES LIVRES IMPRIMÉS
PRÊT AU PERSONNEL DE LA BIBLIOTHÈQUE

12.03.1985-10:30 00932

DATE : _____ 19 **85**   SERVICE ☐   PERSONNEL ☒

4 Avril 85

(Cocher la case intéressée)

DEMANDE

COTE [8 F 9753

TOMAISON OU ANNÉE :
des périodiques et collections :

AUTEUR : René ARNAUD de LA MENARDERE

TITRE : De la représentation et de

DATE DE PUBLICATION : 1897   & consistance

RÉPONSE DES MAGASINS

☐ Communiqué à vous-même le :   ☐ Cote à compléter
☐ Communiqué le :   ☐ Cote à revoir
    A consulter à :   ☐ A la micrographie
    Voir :   ☐ A la reliure
                                      ☐ Manque en place
           microfiche : ☐   ☐ Absence constatée
Voir :   ☐ Hors d'usage à
           microfilm : ☐   micrographier

SOUCHE A LAISSER DANS LE VOLUME

EMPRUNTEUR

NOM : B R I O U H I T I 4 4
(en capitales)

SERVICE : R E P   TÉLÉPHONE B.N. : 44 8

STIPA 36672

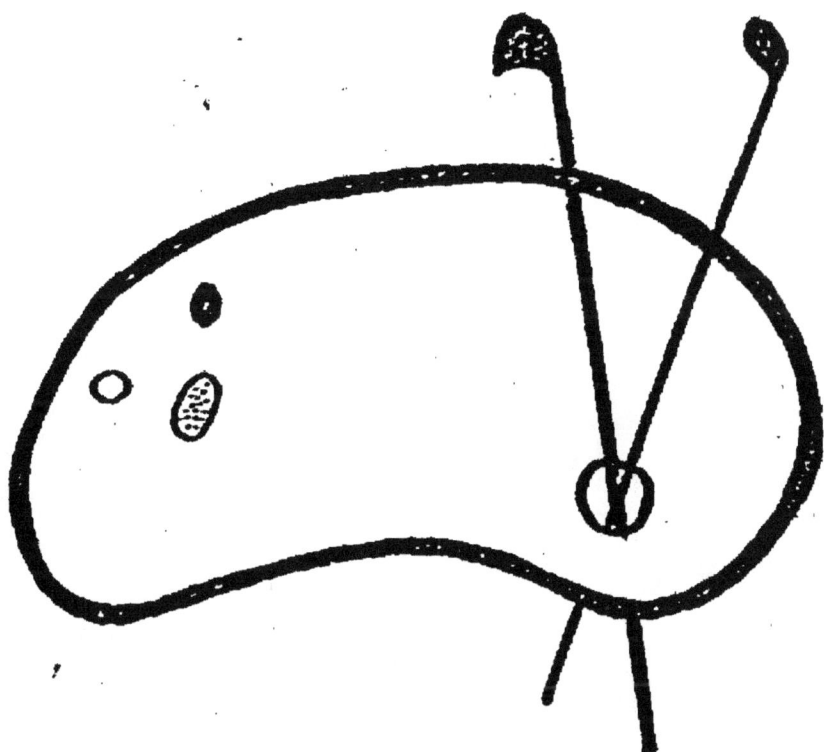

FIN D'UNE SERIE DE DOCUMENTS
EN COULEUR

www.ingramcontent.com/pod-product-compliance
Lightning Source LLC
Chambersburg PA
CBHW071646200326
41519CB00012BA/2418